O Livro da Arte da Magia

O Guia do Aprendiz para os Segredos da Fraternidade dos Magos

Cornelius Rumstuckle

O Livro da Arte da Magia

O Guia do Aprendiz para os Segredos da Fraternidade dos Magos

Tradução:
Rosalia Munhoz

Publicado originalmente em inglês sob o título *The Book of Wizardry: The Apprentice's Guide to the Secrets of the Wizards' Guild*, por Llewellyn Publications, Woodbury, MN55125, USA, <www.llewellyn.com>.
© 2003, J. H. Brennan.
Direitos de edição e tradução para o Brasil.
Tradução autorizada do inglês.
© 2016, Madras Editora Ltda.

Editor:
Wagner Veneziani Costa

Produção e Capa:
Equipe Técnica Madras

Tradução:
Rosalia Munhoz

Revisão da Tradução:
Soraya Borges

Revisão:
Arlete Genari
Ana Paula Luccisano

Dados Internacionais de Catalogação na Publicação (CIP)
(Câmara Brasileira do Livro, SP, Brasil)

Rumstuckle, Cornelius
O livro da arte da magia : o guia do aprendiz
para os segredos da Fraternidade dos Magos /
Cornelius Rumstuckle ; tradução Rosane Albert. --
São Paulo : Madras, 2016.
Título original: The book of wizardry : the
aoorentice`s guide to the secrets of the Wizards Guild.
ISBN 978-85-370-0991-8

1. Magia 2. Magia - Literatura infantojuvenil
3. Magos I. Título.
16-00872   CDD-133.43

Índices para catálogo sistemático:
1. Magia : Ocultismo 133.43

É proibida a reprodução total ou parcial desta obra, de qualquer forma ou por qualquer meio eletrônico, mecânico, inclusive por meio de processos xerográficos, incluindo ainda o uso da internet, sem a permissão expressa da Madras Editora, na pessoa de seu editor (Lei nº 9.610, de 19/2/1998).

Todos os direitos desta edição, em língua portuguesa, reservados pela

MADRAS EDITORA LTDA.
Rua Paulo Gonçalves, 88 – Santana
CEP: 02403-020 – São Paulo/SP
Caixa Postal: 12183 – CEP: 02013-970
Tel.: (11) 2281-5555 – Fax: (11) 2959-3090
www.madras.com.br

22 Lições na Arte da Magia e mais, sua oportunidade de unir-se à Fraternidade dos Magos

Nunca existiu um livro como este antes. A verdadeira Arte da Magia para seu aprendizado. A Aventura do Mago para seu divertimento. E se você fizer bem as lições, realmente garantirá uma vaga na prestigiosa Fraternidade dos Magos.

Com certeza, isso *não* é ficção. Aqui está a coisa verdadeira, até que enfim. A Arte da Magia ensinada na prática por um Mago praticante, experiente em todos os aspectos da arte.

Dê só uma olhada no que você irá aprender...

- Como fazer uma Varinha e Ferramentas de Magia.
- Como ler seu futuro no Oráculo do Mago.
- Como ligar o Poder do Mago.
- Como construir um Castelo do Mago em sua mente.
- Magia Avançada da Estrela, como criar um Espaço Sagrado e muito, muito mais.

Porém, isso não é tudo. Porque *O Livro da Arte da Magia* contém a Aventura do Mago, um jogo de magia que pode levá-lo a fazer parte da Fraternidade dos Magos e tornar-se um Mago totalmente certificado por seu próprio mérito.

Se você já se perguntou como seria se tornar um Mago, não se pergunte mais. Este livro é para *você*!

Índice

Então, Você Deseja Ser um Mago...9

Lição Um 12
   A Teoria da Arte da Magia... 12

Lição Dois
   O Nome Secreto 15

Lição Três
   A Taça do Mago 18

Lição Quatro
   A Asa do Mago.. 23

Lição Cinco
   O Disco do Mago... 26

Lição Seis
   A Varinha Mágica do Mago 29

Lição Sete
   Uso das Ferramentas do Mago 32

Lição Oito
   O Oráculo do Mago... 38

Lição Nove
   Magia do Horóscopo 46

Lição Dez
Tempos Mágicos 53
Lição Onze
O Talismã do Mago 57
Lição Doze
Destino do Mago 65
Lição Treze
Relaxamento do Mago 70
Lição Quatorze
O Poder do Mago 76
Lição Quinze
A Máscara do Mago 80
Lição Dezesseis
Manto do Mago, Anel de Mago 83
Lição Dezessete
Espaço do Mago 87
Lição Dezoito
Uma Pequena Prática de Magia Simples 90
Lição Dezenove
A Arte Secreta da Memória do Mago 95
Lição Vinte
O Castelo do Mago 101
Lição Vinte e Um
O Sonho do Mago 105
Lição Vinte e Dois
Como Invocar Merlim 109
A Aventura do Mago *113*
Busca pela Fraternidade dos Magos *121*
Anexo: O Alfabeto Tebano de Honório *213*

Então, Você Deseja Ser um Mago...

Olha, não é fácil. Não é fácil mesmo. Algumas pessoas passam toda a sua vida tentando fazer a magia funcionar e nunca colocam as mãos nela de verdade, pobres criaturas.

É claro que você tem este livro para ajudá-lo.

Isso nunca aconteceu antes, em toda a história da Arte da Magia.

Nunca houve um guia oficial da Fraternidade dos Magos lançado por ninguém.

Não sei bem se eu aprovo.

Porém, ainda assim, recebi a tarefa de ensinar a você, então é o que farei. Quando você tiver terminado seu percurso por este livro, será um Mago, com certeza. E um dos bons, mesmo que isso me mate.

Talvez você seja até bom o suficiente para fazer parte da Fraternidade dos Magos.

Este é um longo caminho, é claro. Você terá que dar duro sobre este livro antes mesmo de pensar nisso.

E eu quero dizer *trabalho*. Não ser preguiçoso como você faz no colégio.

Se você encara com seriedade tornar-se um Mago, precisará começar do início e ir até o fim. Você pode pensar que isso é óbvio, mas sei de alguns que tentaram de trás para frente. Soube até de alguns que iniciaram no meio e percorreram o Caminho em ambas as direções ao mesmo tempo. Você não vai ouvir falar mais deles, pode ter certeza.

Veja como acontecerá.

Primeiro lhe ensinarei a Teoria da Arte da Magia. Nem pense em pular essa parte, porque você não pode. Eu não quero ter o país cheio de Magos que não sabem o que estão fazendo. É perigoso demais.

Além disso, você precisará de um pouco de teoria se quiser sobreviver à Aventura do Mago.

Você não iniciará o trabalho até compreender a teoria. Você não fará nem uma varinha mágica, não lançará nem um feitiço até saber, exatamente, o que está fazendo. Eu não aceitarei isso. Portanto, estude a teoria com cuidado (não é tão difícil assim). Depois, quando você a tiver na ponta da língua, pode passar para a lição seguinte.

É o que elas são – lições. E lições significam trabalho. Trabalho, trabalho, trabalho. Não é bom apenas ler sobre algo. Você tem de *praticar*. Você tem de experimentar. Ninguém, nunca, tornou-se um Mago simplesmente por ler um livro e estalar os dedos.

Parte do trabalho é criar coisas, como varinhas mágicas ou talismãs para trazer sorte. Parte é fazer algo de si mesmo. Mudar o modo como você pensa. Aprender como usar sua mente. Esse tipo de coisas. O que acontece no interior da mente de um Mago é bem diferente do que o que acontece na mente de qualquer outra pessoa.

As lições são gradativas. Quando você completar as sete primeiras – e isso significa fazer todo o trabalho –, pode se considerar um Aprendiz de Mago do Primeiro Grau. Se você conseguir completar as cinco seguintes, torna-se um Aprendiz de Mago do Segundo Grau. Complete as seis seguintes e você tem a minha permissão de dar a si mesmo o Terceiro Grau.

Se você quiser ir além disso, terá de fazer algumas lições avançadas e sobreviver à Aventura do Mago.

A Aventura do Mago parece um jogo. Funciona como um jogo. É divertida como um jogo. Mas *não é* um jogo. É uma prova maliciosamente disfarçada. É um exame com um feitiço lançado nele para que se pareça com um jogo. Você pode fazer coisas desse tipo quando praticou a Arte da Magia por tanto tempo quanto eu pratiquei.

Você precisará de dado, caneta e papel e um pêndulo para a Aventura do Mago; portanto, deixe-os à mão quando a hora chegar. Não se preocupe com o pêndulo por ora. Quando você chegar à Aventura do Mago, já terei ensinado a você como fazer um pêndulo e, mais importante, a usá-lo. Portanto, faça todas as lições no livro. Porque você não conseguirá completar a Aventura se não as fizer.

Contudo, se você completar a Aventura do Mago, aprenderá o segredo da Fraternidade dos Magos. Isso lhe permitirá fazer parte dela. Quando o aprender, você não será mais um Aprendiz de Mago, será um Mago completamente autorizado. Você terá seu Certificado de Mago e seu Código do Mago. Até adquirirá os sinais secretos que lhe permitirão reconhecer outro Mago.

Esqueci de alguma coisa?

Sim, esqueci. Você fará um diário. A Fraternidade dos Magos não suporta magia negligente. Então, tudo tem de ser certinho e organizado. Assim, se algo der errado, nós saberemos depois de quem foi a culpa. Tenha um caderno de anotações e não o use para nada mais. Ele não tem que ser enfeitado, mas você pode decorá-lo um pouco, se quiser.

Esqueci de mais alguma coisa?

Caso eu tenha esquecido, é uma pena. Agora você aprenderá a Teoria da Arte da Magia, portanto, preste atenção.

Preste *muita* atenção.

Lição Um

A Teoria da Arte da Magia

A Arte da Magia funciona de dentro para fora.
Pronto, falei. Este é um dos maiores segredos dos Magos. Eles costumavam trancar pessoas em uma caverna de cristal por dizer a qualquer pessoa esse segredo. Ou queimar na fogueira. Porém, aqui está, desde o início, para que todos o vejam.

A Arte da Magia funciona de dentro para fora.
Entretanto, aposto que você não sabe o que isso significa. Eu me sinto estranho chegando de cara e explicando, mas é o que vou fazer. Lá vai...

Se você quer trabalhar em magia – magia de verdade, não conjurações ou quaisquer outros tipos de truques – terá de olhar para dentro de sua mente. Mesmo quando você estiver usando coisas como varinhas mágicas e feitiços ou símbolos secretos, a magia se inicia entre suas orelhas.

Tente agora. Sente-se, feche os olhos e descubra o que está em sua cabeça.

É escuro, não é?

E barulhento. Você fica conversando consigo mesmo. Sim, você conversa. O tempo todo. Cada minuto de seu dia desperto ela fala, fala, fala, fala, conversa, conversa. Nós teremos que fazer algo a respeito mais tarde, mas primeiro quero que você faça algo com a escuridão. Quero que imagine uma luz brilhante.

Agora, perceba duas coisas.

A primeira é que não é mais escuro no interior de sua cabeça. Você fez com que ela se iluminasse. Redecorou o lado de dentro de sua cabeça.

A segunda é que você tem controle sobre o que acontece lá dentro. Você a iluminou. Pode desligá-la de novo com a mesma facilidade. Dentro de sua cabeça você pode fazer qualquer coisa que quiser. Isso é o que eu chamo de controle.

Vamos tentar usar um pouco desse controle agora. Em vez de apenas imaginar uma luz brilhante, quero que você imagine uma cena no campo: matas, colinas, grama, um riacho, vacas felizes – toda essa bobagem.

Não foi difícil, foi? Não é nem um pouco difícil. Embora exista muito mais a imaginar em uma cena do campo do que em uma luz brilhante, você imaginou com a mesma facilidade. Espero que seja porque você já praticou muito sonhar acordado.

(Ah, sim, eu sei tudo sobre sonhar acordado também. E sei o tipo de coisas sobre as quais você sonha acordado. Vergonhoso. Muito vergonhoso.)

Mas, deixe-me dizer que o que você está fazendo agora não é *apenas* sonhar acordado. É um devaneio controlado e tem uma diferença enorme. Eis aqui o próximo grande segredo da Arte da Magia:

Se você controlar o que acontece dentro de sua cabeça, você controla o que acontece fora dela.

Parece fácil, não é? Talvez você se pergunte por que todo mundo não é um Mago, certo? Bem, não é fácil! Tente só isso:

Pegue um relógio para marcar o tempo, depois pare de pensar. Veja por quanto tempo você fica sem um único pensamento.

Ahá! Por quanto tempo você conseguiu? Vinte minutos? Dez? Cinco? Nem mesmo um minuto? Você é muito afortunado se conseguir ficar pelo menos dez segundos sem pensar, a não ser que tenha treinado. Você se senta, com sua mente em branco, daí pensa: "Ei, não estou pensando!" Pronto! Você acaba de começar a pensar de novo.

O que me leva ao último segredo da Arte da Magia:

Você consegue o controle do que rola na sua cabeça do mesmo jeito que consegue chegar ao Carnegie Hall.

Você sabe como chegar ao Carnegie Hall? Claro que você sabe – prática! Você terá muitas oportunidades de praticar as coisas dentro de sua cabeça enquanto estiver treinando como Mago.

Certo, já basta de teoria por enquanto. Vamos fazer algo mais divertido. Faça a tarefa que foi escolhida para esta lição – vai demorar uns oito segundos. Eu acredito em treinar gradativamente os jovens Magos – depois lhe direi como encontrar seu nome de Mago secreto.

Tarefa para a Lição Um

Escreva os três segredos da Arte da Magia em seu Diário do Mago, depois veja se você consegue fazer uma vassoura voar. (A vassoura é brincadeirinha.)

Lição Dois

O Nome Secreto

Todo Mago tem um nome secreto.

Não são muitas as pessoas que sabem disso, porque os Magos são bons em manter segredos. Mas isso é verdade. Quando você conhece um Mago, ele só se apresentará a você por seu nome conhecido, nunca seu nome secreto. Mesmo quando dois Magos se conhecem, eles nunca – nunca mesmo – revelam seus nomes secretos um ao outro.

Existe um motivo muito bom. Todos que conhecem seu nome secreto têm um poder especial sobre você. Você verá por que em um minuto.

Antes de eu contar como encontrar seu nome secreto, quero lhe dizer algo muito, muito importante. Ninguém pode encontrar o seu nome secreto para você. Você tem de encontrá-lo por si mesmo.

Você precisa saber disso porque existem pessoas por aí que declaram ter o poder de dar a você seu nome secreto. Ou vender seu nome secreto como se ele fosse uns gramas de manteiga. Se um dia você encontrar pessoas desse tipo, dê um sorriso misterioso e siga o seu caminho.

Aqui está como encontrar seu nome secreto.

Primeiro, saiba que você deve demorar o quanto precisar para encontrar o nome. A Busca pelo seu Nome Secreto pode levar apenas alguns minutos, mas também pode demorar, fácil, semanas ou meses. Não se deixe perturbar pelo tempo. Descobrir seu nome secreto é um dos passos mais importantes na Arte da Magia entre os que enfrentará. Então trate a questão com seriedade e use o tempo que precisar.

Agora, sente-se em seu quarto ou caminhe na praia, ou o que você faz quando quer ficar sozinho... e pense com seriedade sobre si mesmo.

Tente descobrir quem e o que você é realmente. Tente imaginar o que você quer mesmo fazer. Veja se consegue buscar mais profundamente em si, até encontrar a essência, aquela coisa única que expressa sua mais profunda crença, sua intuição mais forte sobre você mesmo ou o mundo. Encontre as palavras que descrevem mais claramente o que faz de você – *você!*

Seja honesto consigo mesmo. Você não dirá a ninguém o que encontrou: nem para sua mãe, seu pai, suas irmãs, seus irmãos, seus professores ou seus amigos. Não contará para mim ou para nenhum de seus colegas Magos. Portanto, você não tem ninguém para impressionar nem precisa ter vergonha de nada. Você é quem você é, e isso é o que você está tentando descobrir.

Quando chegar àquela essência profunda e oculta que melhor expressa quem é você, crie um lema. Se você ficar feliz com o que descobrir, pode usar o lema para expressar sua felicidade. Se não estiver, então seu lema deve expressar sua determinação a respeito do que você espera se tornar.

Por exemplo, se você descobrir que é o tipo de pessoa que valoriza a honestidade sobretudo, pode ter um lema que diga *Minha Vida É a Honestidade*. Ou então você pode descobrir que é do tipo tímido – muitos Magos são tímidos. Uma vez que parece um tanto bobo ter um lema do tipo *Os Mansos Herdarão a Terra se Todos Concordarem com Isso*, você pode transformar a timidez em uma aspiração: *Coragem Será Minha Companheira* ou algo do gênero.

Em seguida, alguns lemas secretos de Magos de verdade (eles já estão todos mortos, por isso posso contar os lemas para vocês):

- *Minha Raça é Nobre.*
- *Com Deus Como Meu Escudo.*
- *Eu Devo Resistir.*

Legal, não é? Veja se consegue criar um lema com esse tipo de sentimento nobre. Mas aqui está a questão. Nunca, nunca diga a ninguém – e eu quero dizer *ninguém* – seu lema, porque ele é seu nome secreto. Nem mesmo o escreva. Se tiver que escrever alguma coisa, escreva apenas as iniciais: MREN (Minha Raça é Nobre); CDCME (Com Deus Como Meu Escudo). Melhor ainda, traduza o lema para outra língua e escreva as iniciais nesse idioma.

Por exemplo, se você tem uma personalidade napoleônica e decidiu que o lema que expressa melhor sua natureza é *Eu Vencerei a Vocês Todos*, as iniciais de seu lema não precisam ser EVVT.

EVVT. Você pode traduzir para o latim *Omnia Vinces*, "Eu superarei tudo" – e pegar as iniciais OV.

Entendeu? Ótimo. Agora vá e descubra seu nome secreto.

Tarefa para a Lição Dois
Escreva as *iniciais* de seu nome secreto em seu Diário do Mago.

Lição Três

A Taça do Mago

Agora é melhor contar a vocês sobre os Cinco Elementos.

Os Cinco Elementos não têm nada a ver com os elementos químicos sobre os quais você aprende na escola. E eles não têm nada a ver com os elementos que fazem você ficar molhado e sentir-se miserável quando você sai neles. Os Cinco Elementos são simplesmente o modo como os Magos dividem o mundo para a nossa própria conveniência. Os Cinco Elementos são:

- Terra
- Ar
- Fogo
- Água
- E o mais importante de todos – Espírito.

Pense neles como caixas nas quais você coloca coisas. Na verdade, tudo. Digamos que você teve uma febre. Você colocaria a febre em Terra, Ar, Fogo ou Água? Fogo, é claro. É quente.

Você estava queimando. A febre deve ser classificada sob o Elemento Fogo. E quanto a um tornado? Ele é Ar – o Ar na sua pior forma, porém, definitivamente, Ar. Uma placa de pedra tem de ser Terra. O Oceano Atlântico? Não poderia ser nada mais além de Água.

Agora é sua vez. A qual elemento pertence o solo? De que elemento é um rio? De qual elemento é a respiração? De qual elemento é uma erupção vulcânica? Fácil, fácil – Terra... Água... Ar... Fogo.

Nenhum problema. Você pode arquivar qualquer coisa em sua classificação Elemental. Pode até classificar criaturas míticas. (Pelo menos vamos fingir que elas são míticas. Os Magos sabem que, na verdade, elas não são míticas, embora você não as veja muito por aí em nosso mundo nos dias atuais.) Aqui estão algumas criaturas "míticas":

- Gnomos – Terra
- Sílfides – Ar
- Salamandras – Fogo
- Ondinas – Água

Você pode classificar direções sob os rótulos Elementais. Por exemplo:

- Leste – Ar
- Sul – Fogo
- Oeste – Água
- Norte – Terra

Você pode colocar estações sob suas classificações Elementais:

- Primavera – Ar
- Verão – Fogo
- Outono – Água
- Inverno – Terra

Você pode classificar – espere aí. Quer fazer uma varinha mágica? Claro que você quer fazer uma varinha mágica. Todo Mago quer fazer uma varinha mágica. Você pode fazer uma varinha mágica em um minuto, depois de terminarmos com os elementos. E estou simplesmente chegando à parte importante. A parte importante é esta. Você pode colocar ferramentas de magia em suas classificações Elementais:

- Asa – Ar
- Varinha Mágica – Fogo
- Taça – Água
- Disco – Terra

Você fará todas essas Ferramentas Elementais, incluindo a Varinha Mágica. Você começará com a Taça. Sei que você quer que eu comece com a Varinha Mágica, mas você vai começar com a mais fácil e seguir até a mais difícil. É para seu próprio bem, portanto, pare de reclamar.

A Taça

A Taça é associada com a Água porque taças contêm os líquidos. A seguir, veja como se faz a taça:

Primeiro você pega um pouco de vidro derretido e o sopra formando uma taça.

Te peguei!

Imagine só, existiu um tempo em que era isso que você teria de fazer. Leia os livros dos Magos realmente antigos e todos eles dirão para fazer absolutamente tudo. Se você quisesse uma espada mágica, teria de escavar o minério de ferro do solo e derretê-lo. Depois moldar a lâmina em uma forja. Em seguida, forjar o punho. Se você quisesse pele para a empunhadura, teria de tirar a pele de uma vaca. Uma perda de tempo pavorosa. Felizmente, nos dias de hoje, você pode usar itens já prontos.

Você terá de conseguir por si mesmo algo que funcione como uma taça. Nada com uma asa. Pode ser um cálice de boca larga ou taça, ou você pode usar um copo. Ele pode ser feito de vidro, ou cerâmica, ou madeira, ou metal (peltre é bom) ou qualquer coisa de que você goste. Mas, tente evitar plástico. Eu sei que alguns Magos modernos juram sobre o plástico, mas por experiência própria ele não funciona tão bem, embora você possa usá-lo se estiver muito, mas muito desesperado.

Seus pais podem ter algo adequado que eles lhe darão. *Não pegue emprestado sem lhes dizer.* Você vai transformar essa taça em uma ferramenta de magia, portanto, você não poderá devolvê-la. Se não tiver nada que você possa encontrar pela casa, terá de ganhar dinheiro para *comprar* sua taça. Procure no supermercado local ou tente uma loja de produtos usados. Uma hora você encontrará algo que possa pagar.

Quando você tiver sua taça, terá de transformá-la em uma Taça Mágica. Existem dois modos de fazer isso.

O primeiro é lavá-la bem com água corrente fria, depois deixá-la do lado de fora toda a noite sob a lua cheia. A taça absorverá os raios da lua e ficará com o que os Magos chamam de *carga*. Leve-a para dentro na manhã seguinte e enrole-a em um tecido branco e limpo até você precisar usá-la.

O senão sobre carregar com a lua cheia é que você terá de esperar por uma lua *cheia*, o que pode significar um mês depois de quando você ler isto. Também tem de esperar por uma noite clara, o que pode demorar mais ainda. Então, você pode querer um método mais rápido para fazer o trabalho e, nesse caso, descobrirá que este segundo método funciona tão bem quanto:

De novo, lave bem sua taça em água corrente fria. Encontre um lugar em que você não seja incomodado. Sente-se confortavelmente e segure a taça com as duas mãos sobre seu colo. Feche os olhos e recite:

Taça do Mago, Taça do Mago
Enchendo, enchendo
Poder de magia, brilho reluzente
Encha a taça com luz cintilante!

Enquanto recita, imagine um raio azul da lua, brilhante, descendo do céu para preencher a Taça com luz cintilante.

Quando você abrir seus olhos, a Taça estará carregada e pronta para uso. De novo, enrole-a em um tecido branco limpo até precisar dela.

Tudo bem, esta lição acabou ficando um tanto longa. Em seguida está sua tarefa, embora espero que você já tenha adivinhado qual seja:

Tarefa para a Lição Três
Faça a Taça de Mago.

Lição Quatro

A Asa do Mago

Depois da Taça, o mais fácil a fazer agora é a Asa do Mago.

Você se lembra de como cada uma das Ferramentas do Mago foram associadas a um Elemento? A Taça que você fez foi associada à Água. A Asa do Mago está associada ao Ar.

Você precisará de sete penas para a sua Asa do Mago. Todas elas devem ter basicamente o mesmo tamanho e a parte da lâmina com penas não deve ter mais de 30 centímetros. Mas o mais importante sobre essas penas é que elas devem ser um presente dos pássaros em que elas cresceram. Isso significa que você tem de encontrá-las. Você tem de encontrá-las no chão. Não pode comprá-las. Não pode tirá-las. Não adianta se esgueirar e depenar uma galinha. Você tem de *encontrá-las*.

Agora, aqui está outro segredo da Arte da Magia: *As coisas de que você realmente necessita chegarão a você.*

Se você de fato precisa dessas penas, se leva a sério a confecção de sua Asa de Mago, então, as penas surgirão. Só fique com os olhos abertos. Os pássaros voam por todo o planeta e eles sempre estão deixando cair penas. Procure em seu jardim. Olhe embaixo das árvores. Tenha paciência e elas chegarão a você. Talvez uma de cada vez, talvez todas juntas, mas elas virão.

Não se preocupe com o tipo de pena ou a cor. Se morar próximo ao mar, é mais provável que você encontre penas brancas de uma gaivota. Caso contrário, pode encontrar as penas negras de um corvo com a mesma facilidade. Qualquer uma delas serve, ou uma mistura das duas, ou inclusive alguma outra pena. Você pode estar lendo este livro às margens do rio Amazonas, e até onde eu sei, nesse caso o mundo pode presenteá-lo com as penas vermelhas e brilhantes de um papagaio. Todas elas servem. Contanto que você as encontre, elas o ajudarão a fazer sua magia funcionar.

Você pode não encontrar todas de uma vez, mas tudo bem. Mantenha seus olhos abertos, tenha paciência e, no fim, terá todas as sete. E essas sete penas presenteadas criarão a lâmina de sua Asa de Mago. Veja como:

Coloque as penas juntas para que elas repousem uma contra a outra. Provavelmente, elas serão de tamanhos diferentes, mas não tem problema. Esqueça a questão do tamanho e coloque-as juntas de modo que os cálamos fiquem alinhados no final. Você deve deixar os cálamos expostos o suficiente para pegar o feixe de penas confortavelmente com uma mão. Se algum cálamo não for longo o suficiente naturalmente, você pode tirar pedaços da pena até ele chegar ao tamanho.

Agora pegue um pedaço da fita amarela brilhante mais forte que você conseguir encontrar e amarre com cuidado em torno dos cálamos para criar um cabo. Cubra os cálamos completamente com a fita.

A amarração com a fita não só mantém a Asa unida e forma um cabo, como também dá a ela a cor amarela associada ao elemento Ar.

Estamos quase lá.

Para carregar sua Asa e deixá-la pronta para uso, espere por um dia de brisa. Vá para fora sem que percebam, em um lugar tranquilo, onde você não será incomodado; segure a Asa pelo cabo acima de sua cabeça, feche os olhos e recite:

Asa de Mago, Asa de Mago
Poder do Ar. Poder do Ar.
Chame a magia enquanto eu recito
Para carregar todas as sete penas!

Enquanto recita, imagine um raio de sol amarelo, brilhante, descendo do céu para banhar a asa com sua luz. Quando abrir os olhos, a asa estará carregada e pronta para uso. Enrole-a em um tecido branco limpo até precisar dela.

Tarefa para a Lição Quatro
Faça sua Asa de Mago.

Lição Cinco

O Disco do Mago

A maioria das pessoas não sabe o que é um Disco do Mago. Isso é bom. Quanto menos elas souberem, melhor. O importante é que *você* saiba o que é um Disco do Mago.

Um Disco do Mago (algumas vezes chamado de pentáculo ou pantáculo, não deve ser confundido com um pentagrama, que é outra coisa) é um disco de madeira com um desenho especial nele, associado ao Elemento Terra. Não existe nada realmente como ele fora da Arte da Magia.

Não é difícil de fazer, principalmente se você souber um pouco de pintura. Como discos de madeira em branco do tamanho certo são muito difíceis de encontrar, você pode usar um papelão como alternativa. Desenhe um círculo de 6,35 centímetros de diâmetro em um pedaço de papelão plano e forte e corte seu disco com cuidado usando uma tesoura.

Primeiro, pegue suas tintas. As aquarelas não são muito boas, então tente encontrar tintas para pôster, acrílicas ou tinta a óleo. A melhor de todas todas é a tinta brilhante de boa qualidade. Você não precisará de muita tinta, mas precisará de cores diferentes, então verifique se você tem:

- Preto
- Branco
- Amarelo Pálido (Citrino)

- Marrom Avermelhado (Castanho Avermelhado)
- Verde Exército (Oliva)

Se você estiver tendo dificuldade em decidir sobre o citrino, oliva ou castanho avermelhado, peça ajuda a um adulto.

Para confeccionar seu Disco de Mago, apenas copie o diagrama a seguir nos dois lados de seu pedaço de cartão. Se você achar ele um tanto complicado, pode fazer o traçado em cima do diagrama neste livro (ele é do tamanho certo para um disco de 6,35 centímetros), recorte o seu traçado e cole-o em cima do seu Disco de cartão. Repita o processo para a parte de trás e depois, com cuidado, pinte as cores nos lugares corretos.

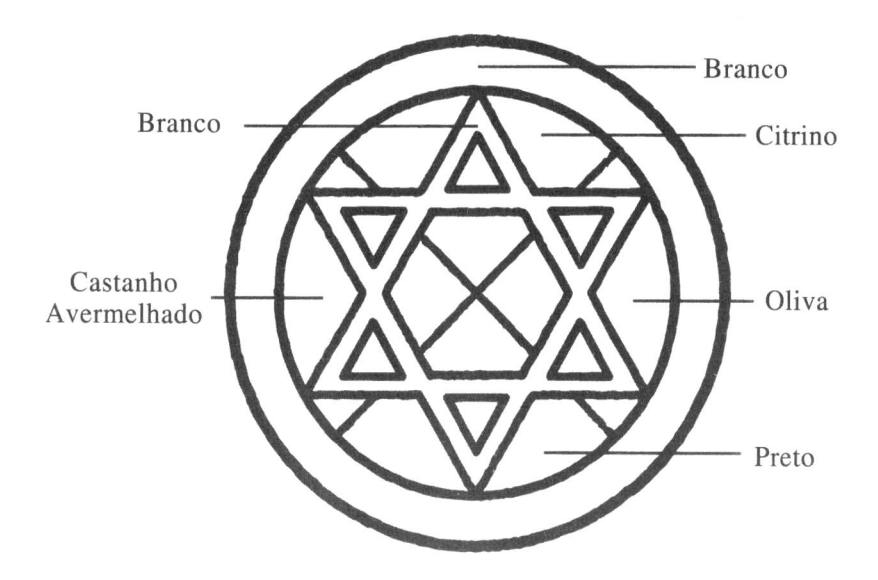

Quando seu Disco estiver terminado e as tintas tiverem secado completamente, envolva-o com cuidado em alguma coisa à prova de água, como um saco plástico, e o enterre no solo (uma caixa na janela bastará se você não tiver um jardim) por um dia e uma noite. Imediatamente depois de ter enterrado o Disco, feche seus os e recite:

Disco do Mago, Disco do Mago.
Poder da Terra robusto e sólido
Toque o instrumento que eu fiz
Dê a ele nascimento mágico!

Enquanto canta, imagine as energias marrons e ricas da Terra encharcando-o como um xarope escuro através da embalagem à prova d'água para trazer a vida a seu Disco. Quando você desenterrar seu Disco depois de um dia e uma noite, ele estará carregado e pronto para uso. Jogue fora a embalagem à prova d'água e enrole o Disco em um tecido branco e limpo até você precisar dele.

Tarefa para a Lição Cinco
Você já adivinhou – faça o Disco.

Lição Seis

A Varinha Mágica do Mago

Você não é um Mago se não tiver uma Varinha Mágica. Mas você pode esquecer dessas coisas que vê em filmes, com todo aquele brilho. Existem Varinhas Mágicas com formatos e tamanhos diferentes, mas sem enfeites escandalosos.

Você também pode fazê-las de materiais diferentes. A Varinha Mágica mais esquisita que eu já vi era feita de aço. Meu amigo, o Mago Mim, ganhou-a na Malásia. Um bastão reto com uma argola de metal em uma das pontas. Quando você a gira, uma Varinha Mágica fantasma aparece dentro da argola. Muito assustadora.

A minha Varinha Mágica é feita de cristal, revestida com um cabo dourado e uma bola de cristal de rocha lapidada no topo. É um tipo de cruzamento entre uma varinha e uma faca. Ela foi dada para mim pelo meu amor, é claro. Existem apenas dois jeitos de ter uma Varinha Mágica decente. Um é ter recebido uma de presente. O outro é fazer a Varinha Mágica sozinho. Se você comprar uma Varinha Mágica – e há muitas à venda –, ela nunca parecerá funcionar direito.

A Varinha Mágica que eu vou ensinar a fazer nesta lição é uma Varinha de Fogo. Provavelmente, você precisará de outras Varinhas Mágicas quando chegar à Arte da Magia Avançada, mas uma Varinha de Fogo é a Varinha Mágica para começar. Uma Varinha Mágica admirável. Ela parece boa, não muito grande para você não ter dificuldades de escondê-la de olhares curiosos, com bom equilíbrio na mão.

Aqui está como fazê-la:

Primeiro, você precisa de uma vareta com não mais de 45 centímetros de comprimento. Minha Varinha de Fogo na verdade é bem mais curta – 45 centímetros é o máximo absoluto – portanto, você pode fazer uma que fique confortável para o tamanho da sua mão. Um pedaço de bambu serve – escolha um com o comprimento de três gomos (você descobrirá a razão em um minuto) – ou você pode até usar um feito de cartolina bem enrolada e colada.

Pinte-a toda com vermelho flamejante, com uma tinta brilhante bonita e forte. Um escarlate bem brilhante – o que os britânicos chamam de vermelho caixa de correio. Quando ela estiver seca, divida a vara em três segmentos pintando duas faixas de amarelo-claro. Se você estiver usando bambu, as faixas coincidirão com os nós de modo que elas ficarão com algum relevo.

Agora, nos últimos cinco centímetros, em uma das pontas de sua Varinha Mágica, pinte faixas em forma de onda, de novo em amarelo-claro, de modo que elas se pareçam com labaredas. Você pode colocar um pingo de laranja na ponta das chamas se gostar, mas não é obrigatório.

Quando tiver terminado e a tinta estiver bem seca, então você deve carregar sua Varinha de Fogo como segue:

Espere até o sol estar brilhando, então vá para fora em algum lugar onde você não seja incomodado. Erga a Varinha de Fogo de modo que a ponta com as labaredas pintadas aponte para o sol (mas não *olhe* para o sol – isso o cegará), depois feche os olhos e recite:

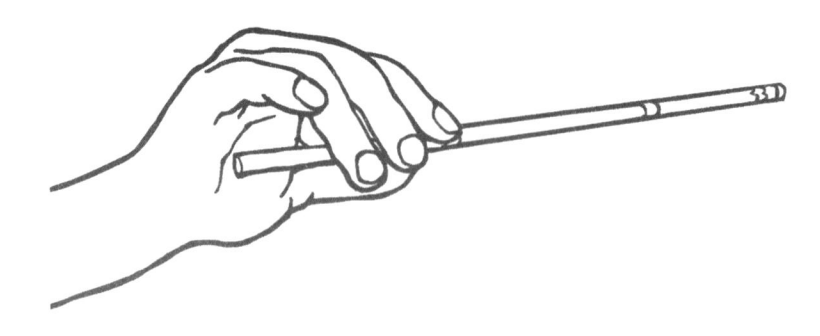

Varinha Mágica, Varinha Mágica.
Poder do Fogo e poder da chama
Entrem nessa vareta poderosa
Para que eu tenha uma fama de Mago!

Enquanto recita, imagine chamas gigantes saindo do sol para serem sugadas para dentro da estrutura de sua Varinha Mágica. Quando você abrir seus olhos, sua Varinha Mágica estará carregada e pronta para uso. Enrole-a em um tecido branco, limpo, até você precisar dela.

Aqui está a tarefa para esta lição:

Tarefa para a Lição Seis

Agora, finalmente, você pode fazer a Varinha Mágica. Respire bem fundo e faça sua própria Varinha de Fogo!

Lição Sete

Uso das Ferramentas do Mago

Agora que você fez suas Ferramentas do Mago, o que você fará com elas?

Não muita coisa, se for do meu jeito. As Ferramentas do Mago são para magia avançada, não para treinamento. Eu nem vou dizer como *dedicar* suas Ferramentas até você se unir à Fraternidade dos Magos. Assim você nem ficará tentado a fazer nenhuma bobagem.

Mas como você se deu ao trabalho de confeccioná-las e carregá-las, esta pequena lição lhe dará algumas dicas muito úteis sobre como poderá usá-las depois, bem como um experimento interessante que você pode tentar agora.

Já disse que os quatro Elementos – Terra, Ar, Fogo e Água – são caixas em que você pode colocar coisas. Agora quero lhe dizer que eles também são tipos de *energias:* terrena, aérea, ígnea, aquática.

Em sua forma mais pura, essas energias realmente só existem dentro de sua mente. Eu falarei bastante com você sobre tudo isso mais tarde, mas, por enquanto, apenas aceite minha palavra de que a forma mais pura das várias energias elementais existe no mundo de sua imaginação.

O que as Ferramentas do Mago fazem é ajudá-lo a trazer essas energias do mundo de sua imaginação para o mundo comum ou físico à sua volta. Cada Ferramenta age como um canal para sua própria energia especial. O Disco conduz a energia da Terra de dentro de sua cabeça para o mundo exterior. A Asa do Mago conduz a energia do Ar. A Varinha Mágica conduz a energia do Fogo. A Taça conduz a energia da Água. Todas essas energias começam dentro de sua mente, mas emergem para dentro do mundo físico por meio de suas Ferramentas de Mago.

Eu sei que parece assustador, mas muita coisa da Arte da Magia é assustadora.

Agora, o negócio é o seguinte: você não quer largar todo esse monte de energia espectral no mundo e, simplesmente, deixá-la correr por aí perturbando as pessoas. Não, você não quer – então se comporte. Qualquer energia que você traz precisa ser controlada. Ela precisa ter um propósito.

Na verdade, trazer energia bruta de dentro de sua cabeça e largá-la no mundo físico realmente não faz muita coisa. É um pouco como eletricidade. É uma coisa muito útil a eletricidade, mas se você não tiver fiação em sua casa, ela não fará nada por você, exceto produzir uma tempestade de raios ocasional.

Falando de um modo geral, os Magos controlam as energias elementais usando rituais. Um ritual é o equivalente a colocar fiação em sua casa, mas é um processo complicado que eu não quero entrar em nenhum detalhe aqui. Deixe-me só dizer que uma parte importante de qualquer ritual elemental são as Ferramentas do Mago. Elas o ajudam a trazer as energias por intermédio delas e o ritual o direciona para algo útil.

Eu não irei adiante a respeito do ritual aqui – ainda é avançado demais para você –, eu lhe darei apenas o mais leve gostinho de qual a sensação de trazer uma pequena energia elemental usando uma Ferramenta de Mago. Aqui está o que quero que você faça:

Primeiro, crie uma imagem do Elemento Terra em sua mente. Você pode fazer isso imaginando solo, cenas no campo, plantas crescendo – todo esse tipo de coisas. Enquanto cria as imagens, tente sentir a *essência* das cenas, sua qualidade terrena, as coisas que fazem você pensar na Terra quando olha para elas.

Quando você tiver pegado essa essência, pegue seu Disco da Terra e segure-o com as duas mãos. Deixe a essência da Terra emanar da sua mente para dentro do Disco, depois para fora do Disco e para dentro de seu corpo.

Quando você pegar o jeito, seu corpo começará a sentir-se muito forte, muito sólido, mas também muito pesado e desajeitado. Não se preocupe com isso, é só um sinal de que você está fazendo certo e o resto do exercício equilibrará tudo de novo.

Depois, crie uma imagem do Elemento Ar dentro de sua cabeça. Imagine o céu, nuvens, vento e tempestades. De novo, tente sentir a essência que faz você pensar no Ar quando você os imagina. Agora pegue sua Asa de Mago, segure com as duas mãos, deixe a essência do Ar fluir de sua mente para a Asa, depois da Asa para dentro de seu corpo.

Assim que a energia do Elemento Ar entrar em seu corpo, você a sentirá contrabalançando o peso que veio com o Elemento Terra. Você ainda se sentirá forte, mas agora sua força é mais fácil de carregar. Você se sentirá mais leve, capaz de mover-se com mais facilidade.

Viu o que você está fazendo? Você está introduzindo energias elementais dentro de seu corpo para estimular as energias elementais que já existem nele.

Quando você conhecer a si mesmo realmente bem,[1] poderá aumentar qualquer energia elemental que estiver ficando baixa, mas por enquanto é melhor levar essas energias para dentro de um jeito equilibrado. Então, agora, tendo trazido para dentro a Terra e o Ar, você deverá começar a imaginar infernos, lareiras, fogueiras na floresta, vagalhões de chamas rolando.

Agora pegue sua Varinha de Fogo com as duas mãos, pegue a essência do Fogo em suas imagens mentais e deixe-a invadir sua Varinha Mágica, depois derrame-a para fora, de novo, para dentro de seu corpo. Você sentirá uma onda de energia bruta (e pode até sentir-se um pouco quente, o que pode ser bem impressionante).

Por fim, equilibre o Fogo – antes de ficar quente demais – criando imagens mentais de lagos, chuva, mares, oceanos. Pegue sua Taça de Mago com as duas mãos, direcione a essência aquosa de suas imagens mentais para a Taça, depois deixe-a invadir seu corpo. Quando você fizer assim, a energia do Fogo irá se recolher em uma fornalha agradável na boca de seu estômago, enquanto a essência da Água produzirá uma sensação de flexibilidade para você conduzir até tarefas difíceis com mais facilidade e imaginação do que você teria feito antes.

Eu também o prepararei para algumas Artes de Magia interessantes que você aprenderá mais tarde.

---

1. O que você precisará fazer se você for praticar a Arte da Magia realmente bem.

Tarefa para a Lição Sete

Restaure as quatro energias elementais como descritas nesta lição, depois embrulhe cada instrumento de Mago com cuidado em um pedaço de tecido branco, limpo, e os coloque longe em algum lugar em que sua irmã mais nova não os encontrem. Nunca mostre suas Ferramentas de Mago a ninguém e nunca mesmo deixe outra pessoa segurá-las, a não ser você.

Você completou as tarefas das sete primeiras lições? Sem truques, olha lá. Sem fingir que você fez uma Varinha de Fogo se você não a fez.

Se você leu as lições e completou todas as sete tarefas, dê um tapinha em suas costas – use um coçador de costas se seu braço não alcançar –, sorria misteriosamente e faça uma pequena comemoração para si mesmo.

Você acabou de se tornar...

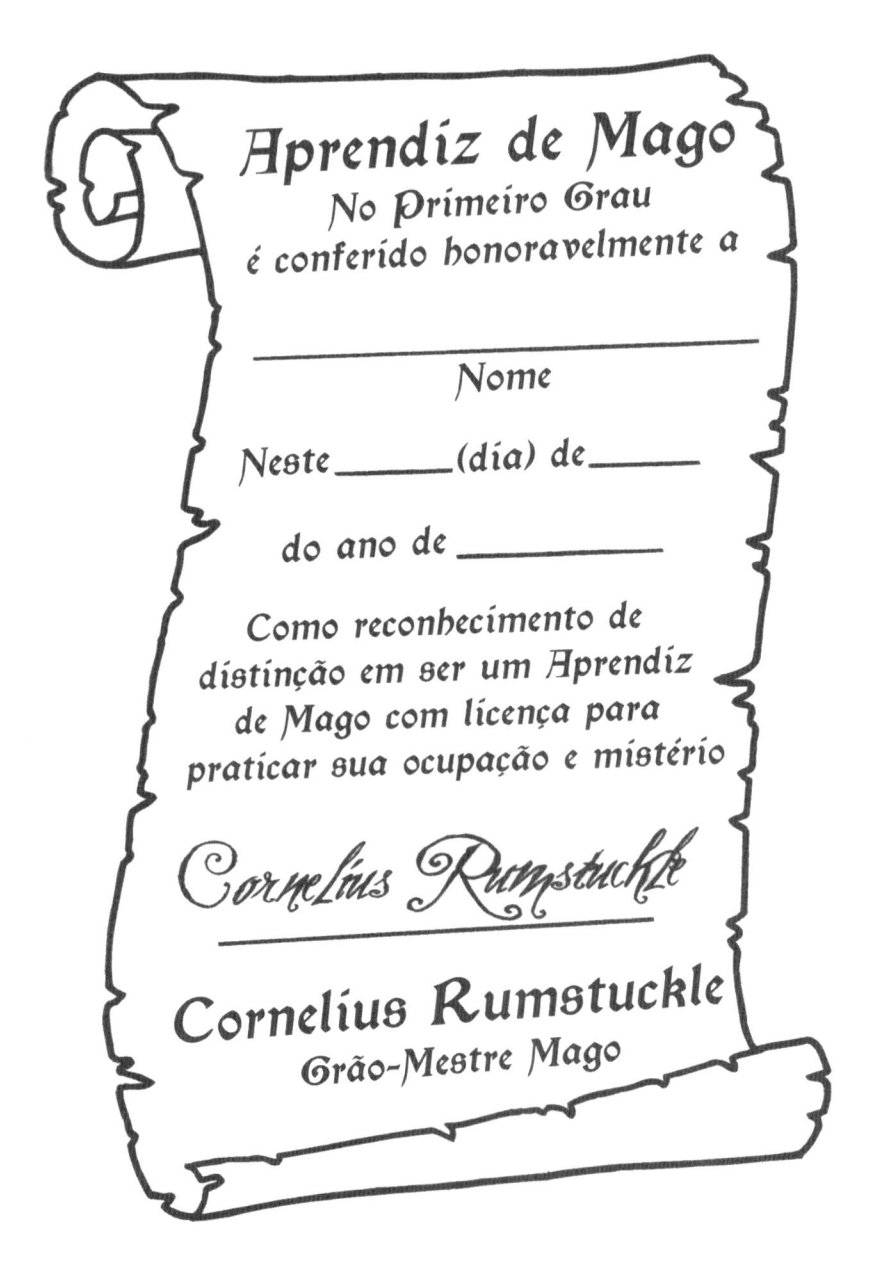

Aprendiz de Mago
No Primeiro Grau
é conferido honoravelmente a

_____
Nome

Neste _____ (dia) de _____

do ano de _____

Como reconhecimento de distinção em ser um Aprendiz de Mago com licença para praticar sua ocupação e mistério

Cornelius Rumstuckle
_____

Cornelius Rumstuckle
Grão-Mestre Mago

Lição Sete

Lição Oito

O Oráculo do Mago

Você acha que chegará a Aprendiz de Mago do Segundo Grau? Bem, vamos descobrir. Uma das grandes coisas sobre ser um Mago é você poder olhar o futuro. Ou pelo menos tentar.

A adivinhação, como os Magos chamam a previsão do futuro, tem uma história longa e honrada. Lá atrás, nos tempos pré-históricos, grandes Magos das Cavernas cabeludos inventavam meios de descobrir se eles acabariam como almoço de tigres-dentes-de-sabre.

Alguns dos métodos antigos eram bem rústicos. Nos tempos romanos, eles cortavam galinhas e liam o futuro nos intestinos delas. (Nem me pergunte.) Alguns eram bem perigosos. Na Grécia antiga, eles respiravam fumaça de vulcões até caírem delirando. Alguns eram só truques descarados, como ter visões em um pedaço lapidado de cristal de rocha.

Eu vou ensinar dois métodos de adivinhação, nenhum deles envolve animais mortos, vulcões ou pedaços de rocha lapidada. O primeiro você pode usar em qualquer lugar, a qualquer hora, sem equipamento. O segundo é um pouco mais complicado e precisa de algum equipamento especial que você terá de fazer.

Muito bem, aqui vai o primeiro. Ele é chamado Oráculo Pirâmide e baseia-se na matemática.

Volte aqui! Volte aqui já! Você está treinando para ser um Mago agora. Você não pode deixar coisas pequenas como matemática o assustarem. Além do mais, é matemática *simples*. Na verdade, apenas somas. O tipo de coisa que você aprendeu quando tinha 6 anos. Se consegue somar, você pode fazer essa adivinhação.

Primeiro, o que você quer descobrir? Pense na pergunta que quiser fazer e pergunte *com suas próprias palavras*. Eu nem posso começar a dizer a você como essa parte é importante. A pergunta tem de ser em suas próprias palavras. Quando você tiver concluído sua pergunta e como perguntar, escreva-a.

Vamos supor que sua pergunta tenha sido: "*Eu vou conseguir ser um Mago?*" Provavelmente você não a formulou desse jeito. Você possivelmente teria perguntado algo do tipo: "*Ó grande magia matemática, eu me tornarei o maior Mago do século XXI?*" Mas como exemplo, nós manteremos o "*Eu vou conseguir ser um Mago?*"

Agora você conta o número de letras em cada palavra de sua pergunta e as escreve em uma linha, uma depois da outra. (Isso significa, portanto, que você pode fazer a pergunta em qualquer língua no mundo e o método ainda funciona. Perfeito, hein?) Então, para "*Eu vou conseguir ser um Mago?*" você deveria escrever:

$$2\ 3\ 9\ 3\ 2\ 4$$

Eu = 2... *Vou* = 3 .... *Conseguir* = 9 .... *Ser* =3 ... *um* = 2... *Mago* = 4(você não conta o ponto final da questão). Por coincidência, cada palavra em meu exemplo teve a soma de suas letras formando um número de apenas um dígito, menor do que 10. Se você usar palavras muito longas que somem 10 ou mais, você as *reduz* a um número de um dígito somando os dígitos. Então 10 seria 1 + 0, o que dá 1, 11 seria 1 + 1, o que dá 2, 12 seria 1 + 2, que dá igual a 3, e por aí vai. Se acontecer de você usar uma palavra como *antidesestabelecimentarianismo,*[2] que é a palavra mais longa na língua inglesa e tem 30 letras nela, então 3+0=30, que ainda não é um número de um dígito, então você tem que somar os dígitos de novo 3+0=3.

Agora coloque os números que escreveu em pares assim: (2 e 3) (9 e 3) (2 e 4). Se sobrar algum número sem par, você o deixa sozinho.

---

2. Bem, você pode. Você pode perguntar se antidesestabelecimentarianismo em algum momento poderá se tornar uma questão política no estado da Geórgia. Seria uma pergunta bem boba, mas você pode fazê-la.

Está acompanhando o raciocínio? Ótimo. Some cada par de números que estão juntos e escreva o resultado. Em meu exemplo fica 2 + 3 = 5, 9 + 3 = 12, 1 + 2 + = 3, 2 + 4 = 6, então, você escreve:

5 3 6

Agora, faça isso de novo, formando pares com seus novos números e somando-os. Então (5 e 3) (6)... mas quando você somou os primeiros dois, você deve ter notado que existiu um pequeno problema na soma anterior. Você só trabalha com números de um dígito neste sistema e 9 + 3 =12. Então de novo você teve que somar os *dígitos* do número que você obteve: 1 + 2 = 3.

Quando você soma os pares de números na última linha, você tem 5 + 3 = 8 e depois você tem 6 + 0 = 6. Portanto, seu próximo número é

8 6

Eu espero que você saiba o que fará agora. Está certo, some 8 + 6. Já que a soma dá 14, você soma os dois dígitos (1+4) e acaba com:

5

O que você fez, na verdade, foi criar um tipo de pirâmide de números[3] com seu número original na base. Veja:

5
86
536
239324

A partir de agora, quando você usar esse método, escreva os números assim, cada resultado ficando acima da linha anterior. O que você está procurando a cada vez é o número no topo da pirâmide – 5 no meu exemplo. Uma vez que você tiver os números do topo, você tem a resposta de sua pergunta. Porque cada número de um a nove tem seu próprio significado. Simplesmente leia a resposta da tabela a seguir:

---
3. É por isso que se chama Oráculo Pirâmide. Dã!

1	Sim, sim, sim! Definitivamente, categoricamente sim. Sucesso. Absolutamente. Sem dúvida a respeito.
2	Não. Você não vai ganhar essa. Falha. Que droga. Tente outra coisa (ou, pelo menos, tente de outro jeito).
3	Sim, mas apenas se você tentar com muito esforço. Preste atenção, pode haver um bônus inesperado quando você obtiver sucesso.
4	Provavelmente não. Você está mais propenso a falhar do que a ser bem-sucedido se tentar isso agora. Tem algo de que você precisa que ainda não está aqui. Você pode arriscar, se quiser, mas talvez seja melhor tentar de novo em outra hora.
5	Deve ficar tudo bem, no fim, mas você terá de exercitar a paciência. Quando ficar tudo bem, você terá ganhos.
6	As condições são favoráveis, mas você terá de usar sua cabeça. Se você não usar, pode falhar.
7	*Deve* acontecer sem problemas, mas só se você estabelecer as bases com cuidado e não existirem tantas pessoas atormentando-o com respeito ao que você está fazendo. Por outro lado... bem, é provável que não seja um desastre, mas não ficará em pé por muito tempo.
8	É bem provável ir por água abaixo, porque você não está investindo o esforço necessário. Ou então você ficará desapontado por outros envolvidos. Você deve apenas dar uma virada nisso, se você usar um julgamento realmente bom.
9	Você será bem-sucedido, mas só depois de lutar. E, para dizer a verdade, também pode não ser do jeito que você esperava.

Então, a resposta para minha questão *Eu vou conseguir ser um Mago?* é 5 o que significa – espere um minuto, isso não pode estar certo! Claro que vou conseguir ser um Mago. Eu *já* sou um Mago – Ora essa! Bem, de qualquer forma isso foi apenas um exemplo. Quer dizer, eu não estava, *realmente,* perguntando ao oráculo sobre o meu futuro.

Acho que vou para o próximo, agora.

O problema com a Oráculo Piramidal (além do fato de dar respostas imbecis para perguntas de exemplo) é que você só pode usá-lo para perguntas simples. De vez em quando você precisa de uma resposta mais completa. É por isso que surge o segundo oráculo. Eu chamo este de Oráculo do Mago. De fato, você pode até chamá-lo de Oráculo Galês do Mago já que, pelo que eu pude descobrir, ele foi inventado em Gales. Para que ele funcione, você precisará de três dados e um pequeno equipamento especial.

O equipamento especial tem essa aparência:

Este círculo tem por volta de 60 e 73 centímetros de diâmetro. Você pode desenhar em uma folha larga de papel ou cartolina.

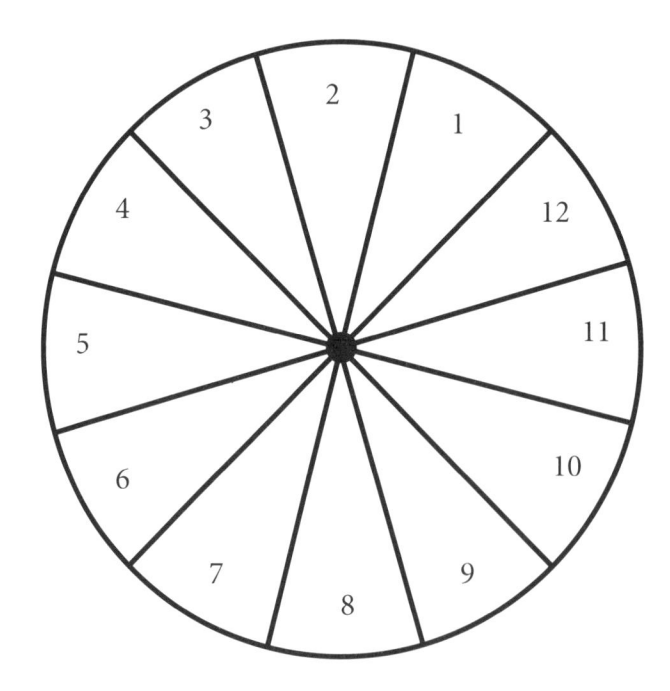

Se você seguir meu conselho, você o pintará de branco, em um pedaço grande de tecido preto – assim você terá algo que é fácil de carregar com você para qualquer lugar. Primeiro, faça as marcações de leve com giz. Você pode desenhar o círculo de fora usando uma tachinha e um pedaço de barbante. Coloque seu tecido em uma tábua de madeira, pressione a tachinha onde você quer o centro do círculo. Agora amarre o pedaço de barbante com cerca de 30 ou 35 centímetro de comprimento na tachinha em uma ponta e o giz na outra. Quando você tiver feito isso, você pode desenhar um círculo perfeito com facilidade.

Usando uma régua, divida o círculo como mostrado. Primeiro, faça uma cruz de ângulo reto, depois desenhe as outras divisões de olho. Numere-as, para contar em sentido anti-horário (uma das poucas vezes que um trabalho de Mago conta no sentido anti-horário), depois, se você estiver satisfeito com o resultado, pinte as linhas de guia de giz para tornar a coisa toda permanente.

Você pode usar esse oráculo para responder às suas próprias questões ou às dos amigos. Veja a seguir como:

Primeiro faça a pergunta.

Na verdade, não é tão bobo quanto parece. Muitas pessoas ficam realmente afobadas com as perguntas que elas fazem. Elas dizem coisas como "Eu vou ganhar dinheiro na semana que vem?" O oráculo diz: "Sim, claro", e elas ficam desapontadas quando ganham apenas um centavo. Mas um centavo é dinheiro – não é muito, mas é dinheiro de verdade do mesmo jeito.

Viu onde quero chegar? O oráculo sempre responderá à pergunta que você fez, não à pergunta que você *pensa* ter feito. Então, vale a pena gastar um tempo para elaborar a questão exatamente da forma correta. Também é uma boa ideia *escrever*. Assim você será capaz de conferir exatamente o que você perguntou se as coisas ficarem confusas mais tarde.

Depois de fazer e anotar sua pergunta, estenda seu círculo de tecido em uma superfície conveniente, como uma mesa ou o chão. Coloque três dados em uma caixa, feche os olhos e entoe mentalmente: "Trabalho de Mago, Trabalho de Mago. Oráculo, por favor responda a verdade". (A Magia acontece de dentro para fora, lembre-se disso.) Agora chacoalhe a caixa três vezes com sua mão esquerda, dê um sorriso misterioso e jogue os dados em seu tecido sem abrir os olhos. Isso pode exigir alguma prática, mas é como você chega ao Carnegie Hall.

Para encontrar sua resposta, você precisa anotar onde o dado caiu – do lado de dentro ou de fora do círculo – e qual número você tirou. Você encontra o número que tirou somando os números do lado de cima de cada um dos dados. Sua resposta deve ser algo entre 3 e 18 (eu posso prever isso porque sou um Mago muito experiente).

Certo, agora vamos ver como o Oráculo do Mago dá respostas às suas perguntas. Primeiro vamos anotar quantos dados caíram dentro do círculo e quantos do lado de fora.

Todos caíram fora do círculo: provavelmente você terá o que deseja, mas a longo prazo isso se provará algo ruim.

Dois do lado de fora do círculo: tome cuidado com uma discussão ruim que terá um efeito nisso.

Um do lado de fora do círculo: não importa o que mais o oráculo mostrar, você descobrirá que virão enormes problemas em continuar com isso. (Mas é possível.) Agora vamos dar uma olhada no que significa a pontuação:

3   Algumas surpresas previstas aqui. E bem depressa.
4   Você é aconselhado a não seguir em frente, senão terá resultados desagradáveis.
5   Alguém que ainda não conhece o ajudará.
6   Desculpe, mas você vai sofrer perdas em relação a essa questão.
7   Brigas e fofocas interferirão com o que você quer fazer.
8   Você será criticado e culpado se continuar.
9   A amizade de alguém que você conhece afetará isso.
10 Algo novo – possivelmente até nascimento – influenciará a questão sobre a qual você faz a pergunta e você não deve agir até descobrir o que é isso.
11 Isso será influenciado pela partida de alguém com quem você se importa.
12 Você terá sua resposta em breve, por carta ou e-mail.
13 Não continue com isso ou você se arrependerá.
14 Um novo amigo o ajudará.
15 Há problemas à frente, portanto, proceda com extrema cautela.
16 Você, ou alguém relacionado, fará uma viagem em relação a isso e o resultado será bem feliz.
17 Isso acabará bem para você.
18 Ei, uau, isso vai ser ótimo. Você será bem-sucedido e todos irão se beneficiar. Logo, também.

Você pode parar por aí e ainda ter uma resposta útil do Oráculo. E eu o aconselharia a fazer isso até você pegar o jeito e começar a aprender o que os vários números significam. Se você usar o oráculo com frequência, não demorará muito antes de poder fazer consultas sem ter que olhar para as respostas neste livro. Quando você chegar a esse estágio, pode continuar usando o oráculo completo, o que leva em conta os setores numerados.

Jogue os dados do oráculo exatamente como você fez antes, mas desta vez veja quais setores agora têm dados neles e acrescente o significado do setor a suas perguntas.

A seguir está o significado dos 12 setores:

Setor	A que ele se refere
1	Os próximos 365 dias.
2	Questões de dinheiro.
3	Viagem.
4	Sua casa ou onde você está no momento. Não é apenas sua casa – pode se referir à sua cidade ou ambiente em geral.
5	Qualquer coisa em que você estiver trabalhando no momento.
6	Saúde, incluindo questões médicas.
7	Parcerias, romances, casamentos.
8	Mortes, grandes mudanças, legados.
9	Seu estado mental.
10	O que você faz – pode ser seu trabalho se você tiver um ou o fato de você ser um estudante.
11	Amigos.
12	Inimigos.

Pode parecer um pouco complicado no início, mas depois de um tempo, você achará que tudo isso vem naturalmente para você e usará o Oráculo como um verdadeiro Mago.

Tarefa para a Lição Oito

Faça um Oráculo do Mago e pergunte se você deve passar para a lição nove.

Lição Nove

Magia do Horóscopo

Outra noite assisti a um idiota na televisão dizer que se não fosse pela má sorte, ele não teria sorte de nenhum tipo.

Bem, posso lhe dizer que não tenho tempo para esse tipo de atitude. Nenhum tempo mesmo. Se você estiver sofrendo de má sorte ou o Oráculo do Mago prever um tempo complicado adiante, *faça algo a respeito*. Este é o Caminho do Mago. Você não está aqui para ser arrastado pelo destino. Você está aqui para tomar o comando de sua vida e isso inclui controlar sua sorte.

Você pode fazer isso de muitas formas e, como a maior parte delas tem a ver com os planetas e as estrelas – o que a Arte da Magia chama de *astrologia* –, você tem de aprender o básico dela primeiro. Eu não vou fazer você levantar um horóscopo ou nada complicado – apenas lhe dar o suficiente para que você tenha algo para ajudá-lo a entender as pessoas (inclusive você mesmo) e fazer funcionar a magia que precisará para mudar sua sorte.

Tudo bem, lá vai.

A coisa mais importante no céu é o Sol. Se ele fosse embora amanhã, você estaria morto por volta de quinta-feira e também todo mundo. Seu Signo Solar (que significa onde o Sol estava quando você nasceu) é a maior influência no tipo de pessoa que você é. Isso significa que você pode dizer algo sobre o tipo de pessoa que todo mundo é assim que descobre quando ela nasceu.

Ao todo, existem 12 signos solares. A seguir estão seus nomes, datas e símbolos especiais. Você não tem de aprender todos de cor e salteado para tornar-se um Mago. Só dê uma olhada neles quando precisar.

Nome	Símbolo	Datas
Áries *O Carneiro*	♈	21 de março a 20 de abril
Touro *O Touro*	♉	21 abril a 20 de maio
Gêmeos *Os Gêmeos*	♊	21 de maio a 20 de junho
Câncer *O Caranguejo*	♋	21 de junho a 21 de julho
Leão *O Leão*	♌	22 de julho a 21 de agosto
Virgem *A Virgem*	♍	22 de agosto a 22 de setembro
Libra *A Balança*	♎	23 de setembro a 22 de outubro
Escorpião *O Escorpião*	♏	23 de outubro a 22 de novembro
Sagitário *O Arqueiro*	♐	23 de novembro a 20 de dezembro
Capricórnio *A Cabra*	♑	21 de dezembro a 19 de janeiro
Aquário *O Aguadeiro*	♒	20 de janeiro a 18 de fevereiro
Peixes *O Peixe*	♓	19 de fevereiro a 20 de março

Com esta tabela você pode descobrir o signo de todo mundo simplesmente perguntando a data de nascimento. Mas de nada adianta se você não souber o que cada signo significa. Então, eu vou lhe dizer o suficiente para começar.

O signo e o tipo de pessoa que você é

Áries

Pontos positivos: energético, entusiasmado, corajoso, otimista e sincero.
Pontos negativos: impulsivo, extravagante, impaciente, mal-humorado, grande ego, prepotente, teimoso, às vezes violento.
Tipo: Confiante, agressivo, independente, competitivo, habilidoso.
Ocupações adequadas: militar, polícia, bombeiro, engenharia ou qualquer coisa usando ferramentas, inclusive cirurgia.
Par ideal: Leão ou Sagitário.

Touro

Pontos positivos: paciente, honrado, imperturbável, gentil e perseverante.
Pontos negativos: teimoso, sovina, lento, excessivamente conservador e indulgente demais.
Tipo: paciente, meticuloso, construtivo, leal, persistente, materialista.
Ocupações adequadas: agricultura, construção civil, interpretação, moda, confeitaria ou joalheria.
Par ideal: Virgem ou Capricórnio.

Gêmeos

Pontos positivos: habilidoso, versátil, inventivo, artístico, sensível, charmoso e generoso.
Pontos negativos: instável, extravagante, sem tato, inconstante, às vezes desleal.
Tipo: adaptável, seletivo, analítico, muitas vezes brilhante.
Ocupações adequadas: trabalho literário, educação, idiomas, vendas.
Par perfeito: Libra ou Aquário.

Câncer

Pontos positivos: simpático, leal, paciente, imaginativo, generoso, sereno e leal.
Pontos negativos: absolutamente nenhum.[4]

---

[4]. Nota do editor internacional: Essa bobagem pode ser devido ao fato de que o Honorável Sr. Rumstuckle é, ele mesmo, um canceriano duplo – Sol e Lua ambos em Câncer. De fato, os pontos negativos dos cancerianos são: irritabilidade, frivolidade, procrastinação, sonhar acordado, orgulho e tendências mórbidas.

Tipo: gênio.[5]
Ocupação adequada: Mago.[6]
Par perfeito: Escorpião ou Peixes.

Leão

Pontos positivos: generoso, líder, otimista, leal, tolerante, ambicioso.
Pontos negativos: pomposo, dado a excessos, mandão, hiperconservador.
Tipo: generoso, divertido, abnegado, aberto e corajoso.
Ocupação adequada: administração, profissões jurídicas, economia.
Par perfeito: Áries ou Sagitário.

Virgem

Pontos positivos: intuitivo, versátil, honesto, prudente, pensa rápido, leal, tem bons modos e charmoso.
Pontos negativos: egoísta, antipático, calculista, intrometido, nervoso.
Tipo: investigativo e habilidoso, cético e crítico, sagaz e introspectivo.
Ocupações adequadas: livros, jornalismo, psicologia, estatística, ciência.
Pares perfeitos: Touro e Capricórnio.

Libra

Pontos positivos: equilibrado, gentil, confiável, respeitoso, adaptável, ordeiro e imparcial.
Pontos negativos: hesitante, tímido, vaidoso, sentimental, excessivamente sensual.
Tipo: judicioso, persuasivo, materialista e propenso à lamentação.
Ocupação adequada: direito, diplomacia, economia, navegação, arquitetura, poesia e literatura.
Pares perfeitos: Aquário ou Gêmeos.

---

5. Nota do editor internacional: Improvável. O canceriano mais típico é receptivo, mas conservador, persistente, mas reservado e meditativo, mas simpático.
6. Bem, sim, mas também religião, o mar, trabalho institucional e qualquer negócio ou profissão que envolva líquidos.

Escorpião

Pontos positivos: meticuloso, cauteloso, corajoso, responsável, boa concentração e força de propósito.
Pontos negativos: desconfiado, insensível, manhoso, faz mau julgamento.
Tipo: científico, temperamental e fechado. Às vezes pode ser tirânico.
Ocupações adequadas: polícia ou trabalho de detetive, química, cirurgia, militar.
Pares perfeitos: Peixes e Câncer.

Sagitário

Pontos positivos: independente, vigoroso, esportivo, popular, honesto, otimista, pensa rápido e filosófico.
Pontos negativos: confiante demais, parcial, polêmico.
Tipo: feliz, bom caráter, exibicionista e ambicioso. Inteligente e cordial.
Ocupações adequadas: esportes, direito, ocupações ao ar livre, negócios bancários, educação, falar em público, clero.
Pares perfeitos: Áries ou Leão.

Capricórnio

Pontos positivos: ambicioso, cauteloso, educado, leal, disciplinado, diplomático, trabalhador, perseverante.
Pontos negativos: preconceituoso, dominador, deprimido, inescrupuloso, limitado, arrogante, às vezes cruel.
Tipo: rigoroso e concentrado com um amor pelo detalhe, ordem e organização. Egoísta e fatalista.
Ocupação adequada: atividade empresarial, construção, mineração, agricultura, corretor de imóveis, educação superior.
Pares perfeitos: Touro e Virgem.

Aquário

Pontos positivos: estável, honesto, paciente, sagaz, sincero, amistoso, calmo e espiritual.
Pontos negativos: indeciso, sonhador, falta de praticidade, rígido, sentimental demais e cético.
Tipo: científico, inventivo, diplomático e tolerante.

Ocupação adequada: radialista, eletricista, aviador, trabalho social e caridade, ciência.
Pares perfeitos: Gêmeos ou Libra.

Peixes

Pontos positivos: imaginativo, idealista, afetuoso, clemente, amável, inteligente, inspirado.
Pontos negativos: inadequado para os negócios, preguiçoso, generoso, ansioso e sensível demais.
Tipo: idealista e romântico, criativo e simpático.
Ocupações adequadas: entretenimento, medicina, literatura, artes plásticas, o mar.
Pares perfeitos: Câncer ou Escorpião.

O que você tem aqui é apenas um esboço, é claro. Não existe um modo de você dividir milhões de seres humanos em 12 classes e esperar que todo mundo seja exatamente como o seu signo.

Tanto quanto os signos solares, você precisará saber sobre os planetas.

Cada um dos 12 signos solares é regido por um planeta. Isso significa que eles têm uma ligação especial. Em seguida, há uma tabela que você pode consultar quando precisar:

Signo solar	Signo regido por
Áries	Marte
Touro	Vênus
Gêmeos	Mercúrio
Câncer	Lua
Leão	Sol
Virgem	Mercúrio
Libra	Vênus
Escorpião	Marte
Sagitário	Júpiter
Capricórnio	Saturno
Aquário	Saturno/Urano
Peixes	Júpiter/Netuno

O Sol e a Lua não são planetas, mas nós vamos fingir que eles são, está bem?

Você perceberá que alguns planetas regem mais de um signo. Isso porque existem apenas sete planetas que você pode ver sem um telescópio: Sol, Lua, Mercúrio, Vênus, Marte, Júpiter e Saturno. Portanto, quando os antigos astrólogos estavam descobrindo os regentes dos signos, alguns dos planetas tiveram de ser duplicados. Por isso certos planetas regem mais de um signo. É por isso também que Aquário e Peixes têm cada um deles dois planetas regentes. Aquário tinha Saturno nos tempos antigos, do mesmo modo que Peixes tinha Júpiter.

Porém, depois o telescópio foi inventado e o resto dos planetas foram descobertos. Em seguida, os astrólogos foram procurar algum lugar para colocarem Urano e Netuno (e até Plutão). Eles decidiram que Urano poderia reger Aquário e Netuno poderia reger Peixes.

Eu não sei o que eles decidiram quanto a Plutão, mas isso não fará nenhuma diferença em seu trabalho de Mago.

Está bem, já basta de explicações cansativas. Apenas tente se lembrar disso. Quando você conhece seu Signo Solar e seus planetas, sabe o suficiente para começar a praticar um monte imenso de Arte de Magia – inclusive, como você verá um pouco adiante, modos de mudar sua sorte.

Tarefa para a Lição Nove

Descubra seu Signo Solar e seu planeta regente. Faça o mesmo para os seus melhores amigos. Veja se a garota (ou garoto) de quem você gosta seria um par perfeito. Descubra como você se dá com seu astro pop ou de cinema favorito.

Lição Dez

Tempos Mágicos

Existe uma maré nos assuntos dos homens,
Que, se pega na cheia, leva à fortuna;
Omitida, toda a viagem de sua vida
É atada em superficialidade e misérias.

Quem disse isso então? Não, não fui eu. Você sabe perfeitamente bem que foi William Shakespeare. Ou Billy, como eu costumava chamá-lo. *Júlio Cesar*, Ato IV, Cena III, para ser mais exato. Bem, você aprenderá como calcular essa maré, para nunca mais perder o barco.

A diferença entre o sucesso e o fracasso na Arte da Magia em geral não é nada mais do que *timing*. Veja a Lua, por exemplo. Falando de modo geral, é melhor praticar a Arte da Magia durante uma Lua crescente – é quando ela está ficando cada vez maior, noite após noite, quando ela vai em direção à Lua Cheia.

Mas isso é só de um modo geral. Você tem de levar em conta o tipo de Arte da Magia que você está praticando. Se você estiver trabalhando em um feitiço para trazer um pouco de dinheiro, então, com certeza, essa regra vale. Mas se você está tentando fazer seu professor na escola ficar careca, é melhor trabalhar na Lua minguante, depois de ela ter estado cheia e estiver ficando menor noite a noite.

Dá para ver a diferença? O feitiço de dinheiro tem a ver com *mais*. O feitiço para "Tornar o Professor Careca" tem a ver com *menos*. (Não que um bom Mago perderia tempo com um feitiço tão insignificante.)

Na verdade, a fase da Lua é um indicativo bem geral. Um Mago experiente procura pela Lua Nova. Os 14 dias entre a Lua Nova e a Lua Cheia (crescente) costumam ser ótimos para negócios, esteja a magia diretamente envolvida ou não. Depois da Lua Cheia, os quatorze dias seguintes (minguante) são melhores para terminar coisas que você iniciou antes. Se você deseja ser um pouco mais específico, então deve saber que o sexto, o décimo primeiro, o vigésimo e o vigésimo quinto dias depois do dia de qualquer Lua Nova são particularmente bons para qualquer tipo de Arte da Magia.

Entretanto, eu evitaria a Lua Cheia em si. O Sol e a Lua ficam em oposição direta quando isso acontece e isso tem um efeito engraçado nas pessoas. Alguns de meus melhores amigos são lobisomens, mas eu não gostaria de fazer poções com um deles mastigando a minha perna. Mesmo que você não conheça nenhum lobisomem, perceberá que muitos de seus amigos ficam nervosos e briguentos na Lua Cheia. Além disso, as coisas dadas como certas parecem dar errado nessa lua.

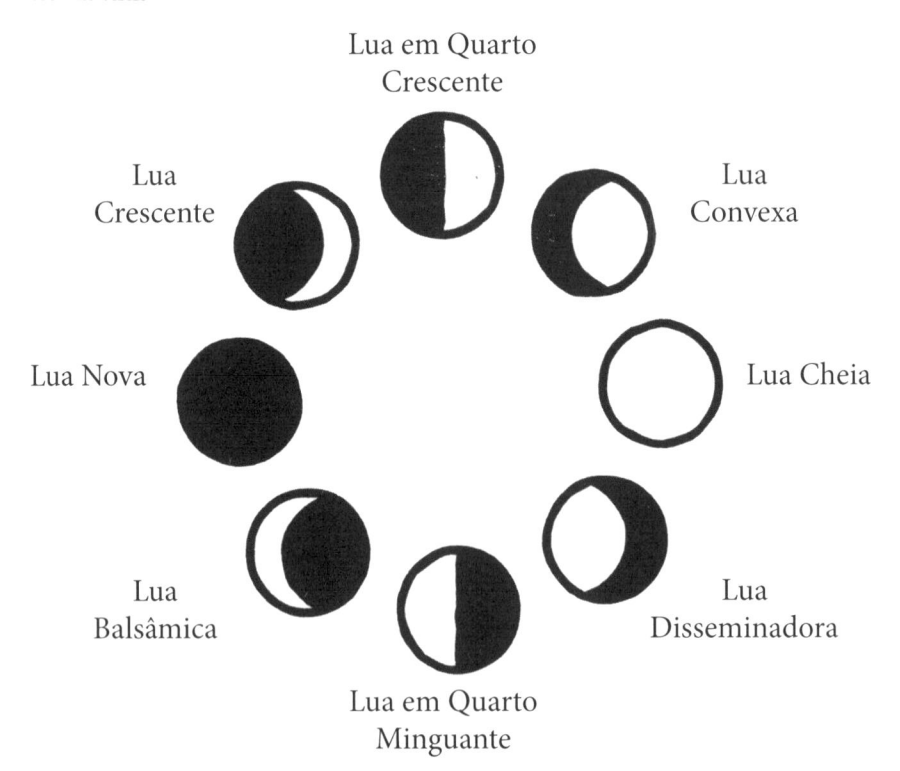

Lua em Quarto Crescente

Lua Crescente

Lua Convexa

Lua Nova

Lua Cheia

Lua Balsâmica

Lua Disseminadora

Lua em Quarto Minguante

Eu também evitaria o período escuro da Lua, a época em que não há Lua no céu. Não é impossível trabalhar a Arte da Magia nessa ocasião, mas é difícil. Melhor evitar até você ter um pouco de experiência no currículo.

Acontece que tudo isso é uma regra prática, um mero esboço para você começar. O negócio é que Arte da Magia específica precisa de períodos específicos de tempo. E o modo como você decide que épocas são melhores é observando os planetas.

Na última lição, mencionei que determinados planetas estão associados a certos signos. Contudo, eles também estão associados a outras coisas. Aqui está o básico. Com o básico, você pode fazer muitas outras associações.

Planeta	Cor negativa	Cor positiva	Associado a
Sol	dourado, amarelo	laranja	poder, sucesso, vida, dinheiro, crescimento, saúde, iluminação, chefes ou superiores.
Lua	malva	azul	mudança, os sentidos, mulheres, público em geral, viagens.
Mercúrio	laranja	amarelo	escrita, negócios, contratos, informação, vizinhos, livros, barganhas, vendas, compras.
Vênus	verde	verde	amor, emoções, jovens, mulheres, luxo, beleza, as artes, música, ocasiões sociais.

Marte	vermelho	vermelho	guerra, energia, raiva, destruição, construção, perigo, cirurgia, força de vontade.
Júpiter	azul	roxo	crescimento, abundância, expansão, sorte, jogos, generosidade, viagem.
Saturno	preto	índigo	dívidas, agricultura, morte, testamentos, imóveis, estabilidade, inércia, idosos.

(Você perceberá que Marte é associado tanto à destruição como à construção. O que isso tem a ver? Bem, tem a ver com o jeito como você usa as energias marcianas. E também com o fato de que com muita frequência você tem de derrubar alguma coisa antes de construir algo novo. Isso pode se aplicar a velhos hábitos com tanta facilidade quanto a velhas casas.)

Agora que você conhece os tipos de coisas associadas aos sete planetas, posso começar a ensinar como fazer algo em relação à sua sorte.

Tarefas para a Lição Dez

Descubra quais planetas seriam associados a estas coisas:
1. Retirar suas amígdalas.
2. Abrir uma loja de doces.
3. Ganhar na loteria.
4. Escrever um poema.

Escreva as respostas em seu Diário do Mago.

Lição Onze

O Talismã do Mago

Um dos modos mais simples de mudar sua sorte é criar um talismã seu. Esse é um objeto específico – pode ser um anel, pode ser uma pedra, pode ser um saquinho em volta de seu pescoço – que tem a magia de trazer sorte a você. Como todas as magias, o talismã funciona de dentro para fora. O esforço que você coloca na confecção de um talismã significa que você o leva a sério; portanto, esse esforço tem uma influência em sua mente. Com sua mente concentrada em melhorar sua sorte, você envia sinais para atraí-la. Quando menos espera, você terá melhor sorte.

Você viu que eu disse *fazer* o talismã. Você pode comprar todo o tipo de lixo da "sorte", mas a maior parte deles não vale o plástico em que está estampado. Existem apenas três tipos de talismã que tem até metade da chance de funcionar direito.

O primeiro é qualquer talismã feito por um Mago que sabe o que está fazendo. Como eu, por exemplo. Esse talismã possui uma larga margem de efeitos benéficos e, embora não seja o melhor, com certeza ele pode ajudar.

O segundo é um talismã feito especialmente para você por um Mago que sabe o que está fazendo. Este é muito melhor, porque ele leva você em consideração e é feito sob medida para suas necessidades.

O terceiro é um talismã que você mesmo fez. E este é o melhor entre todos, mesmo que você seja apenas um Mago iniciante, porque, na verdade, ao fazer o talismã você carrega a si mesmo. Ao carregar a si mesmo, você muda sua sorte.

Aqui está um jeito muito fácil de você mesmo fazer um talismã. Caminhe e mantenha seus olhos abertos. O que você está procurando é uma pedra. Com isso quero dizer um seixo, não uma rocha. E não é qualquer seixo, mas um seixo que o atrair. Com isso quero dizer um seixo que, de repente, o cative, torna-se notável. Ele pode ser um seixo bonito, curioso, esquisito ou um seixo misterioso, mas, definitivamente, será o seixo que chama sua atenção.

Se você não encontrar o seixo da primeira vez, não se preocupe. Só mantenha os olhos abertos na próxima vez que sair e, na vez seguinte e na vez depois dessa, se necessário. Mais cedo ou mais tarde você encontrará sua pedra. (Ou ela irá encontrá-lo(a), como os Magos gostam de dizer.)

Quando você encontrá-la, sorria misteriosamente, depois a pinte.

Decida qual desenho você gostaria de colocar na pedra, depois a pinte. Use sua imaginação. Use sua criatividade. Faça o desenho tão simples ou enfeitado quanto quiser. É a sua pedra e você está fazendo isso por você, não para mostrar para ninguém ou para uma prova.

Quando você tiver pintado sua pedra e a tinta tiver secado, você tem seu talismã. De fato, você tem uma pedra da alma, que é um talismã realmente bom para se ter. Carregue-o com você em seu bolso, converse com ele quando você se sentir solitário e veja que diferença essa pedra fará em sua vida. (Mas, provavelmente, é melhor não mencionar isso para ninguém que já não pense que você é meio louco.)

Este é o talismã mais simples e é um dos bons, mas o que eu realmente quero fazer neste instante é ensinar você a fazer o Talismã do Mago, que se apoia em coisas que você aprendeu nas duas últimas lições e é um dos mais poderosos objetos de sorte do planeta. (Com ele você também ganha alguma experiência nos primeiros princípios da magia, o que não é algo mal.)

Antes de começar, você precisa voltar para a Lição Nove e descobrir seu planeta regente, se ainda não fez isso. Para recapitular, descubra seu signo solar pela sua data de nascimento.[7] Depois encontre o planeta regente desse signo solar. Esse é o seu planeta regente também.

Existem três elementos no Talismã do Mago – o Sigilo Planetário, o Quadrado Planetário e a Erva Planetária.

---

7. Se esqueceu sua data de nascimento, pergunte a seus pais – o horror disso ficará gravado na memória deles para sempre.

Primeiro, eu vou falar sobre o Sigilo Planetário.

Cada um dos sete planetas visíveis tem um símbolo específico. Cada símbolo funciona um pouco como um circuito impresso ou diagrama elétrico – ele mostra o jeito como a energia flui nesse planeta. Durante milhares de anos, esses diagramas foram muito, muito secretos. (Dá para ver por quê. Com o circuito do diagrama e um pouco de conhecimento, você pode criar algumas máquinas poderosas.) Não estou dizendo que você não podia ter acesso a um, mas era difícil, e teve uma época em que só por ter um em sua posse poderia levá-lo a ser queimado em uma fogueira.

Depois, em 1801, um Mago inglês chamado Francis Barrett (ou Frankie, como eu costumava chamá-lo) escreveu um livro intitulado *The Magus or Celestial Intelligencer*. Ele imprimiu algumas cópias e as distribuiu àquelas poucas pessoas com inteligência suficiente e experiência em Arte da Magia para compreendê-las. Na página do título de minha cópia, está escrito que o livro é "ilustrado por uma grande variedade de belas figuras, tipos, letras, selos, imagens, caracteres mágicos, etc.". Entre esses, em tamanho natural, estava o Alfabeto Tebano de Honório (dado como um anexo a esse livro, que você devia ler logo mais) e circuitos de diagramas de sigilos para cada planeta.

Assim, graças ao Mago Frankie posso ensiná-los a você agora.

Aqui estão os sigilos dos sete planetas:

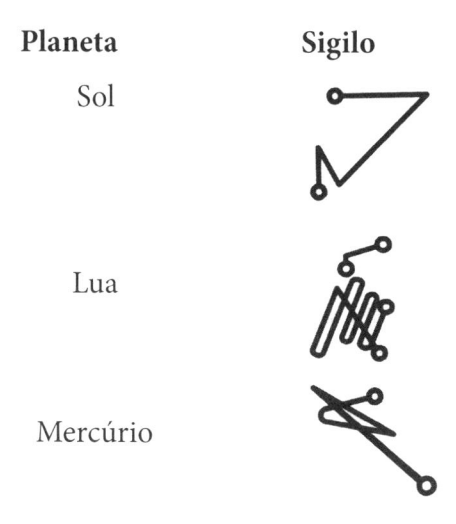

Planeta	**Sigilo**
Sol	
Lua	
Mercúrio	

Planeta	Sigilo
Vênus	
Marte	
Júpiter	
Saturno	

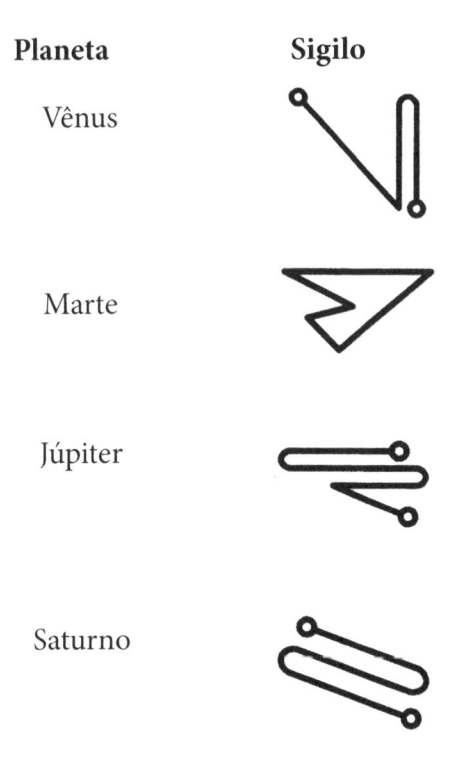

Você pode fazer um talismã simples usando o próprio Sigilo Planetário. Desenhe-o com cuidado em um pedaço de papel (ou o copie deste livro se você preferir), dobre-o, sele-o bem fechado com adesivo e aí está: talismã instantâneo. Mas você não quer fazer isso. Você quer fazer um Talismã do Mago. Então, é melhor falar com você sobre quadrados mágicos.

Um quadrado mágico é uma grade de números que em geral (mas não sempre) tem o mesmo resultado se você os somar na horizontal ou na vertical. Aqui está um Quadrado Mágico muito simples que eu fiz como um exemplo:

3 2 7
6 3 3
3 7 2

Tente. De qualquer modo que você somar, a resposta é sempre 12. Alguns Quadrados Mágicos realmente espertos têm o mesmo resultado também na soma das diagonais. Porém, este não. E os Quadrados que você precisará para seu Talismã de Mago também não.

Certos quadrados carregam a energia dos planetas do mesmo jeito que os sigilos carregam. Aqui estão eles:

Sol

6	32	3	34	35	1
7	11	27	28	8	30
19	14	16	15	23	24
18	20	22	21	17	13
25	29	10	9	26	12
36	5	33	4	2	31

Lua

37	78	29	70	21	62	13	54	5
6	38	79	30	71	22	63	14	46
47	7	39	80	31	72	23	55	15
16	48	8	40	81	32	64	24	56
57	17	49	9	41	73	33	65	25
26	58	18	50	1	42	74	34	66
67	27	59	10	51	2	43	75	35
36	68	19	60	11	52	3	44	76
77	28	69	20	61	12	53	4	45

Mercúrio

8	18	59	9	64	62	63	1
49	15	14	52	53	11	10	56
41	23	22	44	45	19	12	48
32	34	35	29	28	38	39	25
40	26	27	37	36	30	31	33
17	47	4	20	21	43	42	24
9	55	54	12	13	51	50	16
34	2	3	61	60	6	7	57

Vênus

22	47	16	41	10	35	4
5	13	48	17	42	11	29
30	6	24	49	18	36	12
13	31	7	25	43	19	37
38	14	32	1	26	44	20
21	39	8	33	2	27	45
46	15	40	9	34	3	28

Marte

11	24	7	20	3
4	12	25	8	16
17	5	13	21	9
10	18	1	14	22
23	6	19	2	15

Júpiter

4	14	15	1
9	7	6	12
5	11	10	8
16	2	3	13

Saturno

6	1	8
7	5	3
2	9	4

O terceiro elemento do Talismã do Mago é herbal. Lá atrás nos antigos tempos ruins, antes de os médicos descobrirem todas as adoráveis substâncias químicas que existem agora, eles costumavam tentar curá-lo usando ervas e vegetais. Como toda a medicina se baseava na astrologia naqueles tempos, alguém teve de descobrir quais plantas eram regidas por qual planeta. Os Magos conseguiram dar conta da tarefa, é claro, e agora eu posso contar o segredo para você. Aqui está uma lista de coisas fáceis de encontrar associadas a cada planeta:

Sol: amêndoa, angélica, camomila, eufrásia, juníparo, mostarda, alecrim, arruda, açafrão, noz.

Lua: repolho, pepino, agrião, alface, abóbora, saxífraga.

Mercúrio: alcaravia, cenoura, aneto, chicória, avelã, lavanda, alcaçuz, amora, aveia, salsa.

Vênus: cereja, castanha, sabugueiro, groselha espinhosa, marshmallow (é uma planta, é verdade), menta, framboesa, morango, trigo.

Marte: babosa, agrião, erva-dos-gatos, alho, madressilva, lúpulo, rábano-silvestre, alho-poró, cebola, ruibarbo, tabaco.

Júpiter: semente de anis, damasco, aspargo, beterraba, figo, hissopo, sálvia.

Saturno: cevada, confrei, marmelo, centeio e cardo.

Certo, esta é a informação básica de que você precisa. Aqui está como fazer seu Talismã de Mago.

Pegue uma folha de papel em branco quadrada de ou 6,45 ou 12,9 cm² para que possa carregá-la confortavelmente. Pinte ou desenhe o Sigilo planetário correto em um lado da folha e o Quadrado Mágico do planeta no outro.

Se, por exemplo, você nasceu em 30 de novembro, seu Signo Solar será Sagitário e seu planeta regente Júpiter. Isso significa que você desenha ou pinta o Sigilo de Júpiter de um lado e o Quadrado Mágico de Júpiter do outro.

Agora, selecione uma planta de uma lista daquelas regidas pelo seu planeta. No caso de Júpiter você tem semente de anis, damasco, aspargo, beterraba, figo, hissopo e sálvia para escolher. Pegue uma pequena porção dessa planta e coloque em um saquinho ou envelope com seu talismã.

É isso. Seu talismã agora está feito e pronto para entrar em ação. Enquanto você o carrega consigo, ele age como um foco para as energias planetárias mais adequadas para trazer a sorte em sua direção.

Tarefa para a Lição Onze

Faça um Talismã do Mago para você, depois – sorte sua – você vai precisar de um pouco mais de matemática na próxima lição.

Lição Doze

Destino do Mago

Bem, talvez seja matemática, mas é matemática *simples*. Não é pior do que as coisas que você faz ou fez na escola. Na verdade, é mais do mesmo. Só somar e subtrair até você ficar com um número simples. Mas, desta vez, em vez de usar números para responder a perguntas, nós vamos usá-los para descobrir seus Anos do Destino, isto é, os anos realmente bons que estão vindo para você, que oferecem as maiores possibilidades para as coisas que você quer fazer.

Quando você pegar o jeito, também pode usá-los para descobrir os bons anos de seus amigos.

Está certo, vamos direto ao assunto. Escreva sua data de nascimento em números, assim:

Primeiro escreva o dia do mês em que você nasceu. Vamos supor que você sorriu misteriosamente e saltou para este mundo em 7 de agosto de 1985. O dia do mês é sete, então, você escreve 7.

Agora, abaixo dele, escreva o número do mês. Agosto é o oitavo mês, então você escreve 8. Se você nasceu em janeiro, você escreveu 1, se nasceu em dezembro você escreve 12. Isso é tão simples que não sei por que estou me dando ao trabalho de dizer.

Agora, embaixo desses dois, escreva o ano. Se você realmente tivesse nascido em 7 de agosto de 1985, você teria escrito:

7
8
1985

Agora, risque uma linha embaixo deles e some-os. Ah, tudo bem, use sua calculadora se você tiver que usar. Eu não tinha calculadora em meus dias de juventude. Ah, não, um Mago tinha que – bem, deixa pra lá. No exemplo anterior, o total dá 2.000 exato. Você tem de reduzir isso a um número só, como fez antes, somando os dígitos em sua pergunta. Portanto, 2 + 0 + 0 + 0 = 2. Mamão com açúcar. Aqui está outro exemplo.

Data de nascimento: 22 de dezembro de 1999.

22
12
1999

Some-os e você tem – espere um pouco, vou procurar minha calculadora – 2.033. Some os dígitos para conseguir um número de um único dígito e você terá 8.

O número final com um único dígito é seu número do destino. Para encontrar os anos realmente brilhantes e perfeitos além da conta à sua frente, apenas procure nesta tabela:

Número de destino	Anos especiais
1	2008 2017 2026
	2035 2044 2053
2	2009 2018 2027
	2036 2045 2054
3	2010 2019 2028
	2037 2046 2055
4	2002 2011 2020
	2029 2038 2047
5	2003 2012 2021
	2030 2039 2048

6	2004	2013	2022
	2031	2040	2049
7	2005	2014	2023
	2032	2041	2050
8	2006	2015	2024
	2033	2042	2051
9	2007	2016	2025
	2034	2043	2052

Tarefa para a Lição Doze

Descubra seus anos especiais e os anos especiais de seus amigos mais próximos. Depois veja se você consegue imaginar como acrescentar mais anos especiais à tabela para cada número do destino e escreva a tabela expandida em seu Diário do Mago.

Você completou as tarefas das últimas cinco lições? Você lavou atrás das orelhas? Se você leu as lições e completou todas as cinco tarefas – você pode esquecer sobre lavar atrás das orelhas – dê um sorriso misterioso e marque mais um passo bem-sucedido em sua corrida impetuosa em direção à maestria das artes da magia. Agora você é, enquanto senta lá dando risadinhas, um...

Aprendiz de Mago

No Primeiro Grau
é conferido honoravelmente a

_____
Nome

Neste _____ (dia) de _____

do ano de _____

Como reconhecimento de distinção em ser um Aprendiz de Mago com licença para praticar sua ocupação e mistério

Cornelius Rumstuckle
_____

Cornelius Rumstuckle
Grão-Mestre Mago

Lição Doze

Lição Treze

Relaxamento do Mago

Você se lembra da Teoria da Arte da Magia em sua primeira lição? A Magia funciona de dentro para fora. Controle o que está dentro e você adquire controle sobre o que está fora.

Uma das coisas sobre as quais você precisa controlar é sonhar acordado. Você precisa deixá-lo detalhado. Você precisa torná-lo vívido. Você precisa torná-lo real.

Veja a seguir como fazer isso:

Primeiro, encontre um lugar onde não será incomodado por meia hora. Seu quarto serve se você conseguir entrar nele com toda aquela bagunça. Tranque a porta, coloque um sinal de NÃO PERTURBE, o que precisar. Se tiver um telefone no quarto, desligue.

Em seguida, encontre uma cadeira confortável. Não use a cama – você adormecerá. Você pode até adormecer em uma cadeira, mas temos de correr esse risco. Sente na cadeira e arranje uma posição confortável. Apoie bem suas costas (de preferência retas). Agora, relaxe.

Você está completamente relaxado agora?

Você não está. Você só *pensa* que está. Ninguém, a não ser um gato, relaxa completamente da primeira vez que tenta. O que você precisa aprender é a Sequência de Relaxamento do Mago. Ela faz com que você saiba qual a sensação de cada tensão para que saiba qual a sensação do relaxamento.

Sequência de Relaxamento do Mago

Pense nos seus pés: coisas feias, grandes e mal cheirosas.

Agora dobre os dedos para baixo, longe de seu corpo. Isso torna os seus pés tensos. Quanto mais você dobra os dedos, maior a tensão em seus pés. Isso ficará desconfortável bem rápido, até doloroso. Se você mantiver os dedos dobrados o suficiente – alguns meses ou um ano – seus pés ficarão duros e nunca mais você irá andar.

Antes que isso aconteça, pare de dobrar os dedos e deixe relaxar. Deixe relaxar completamente.

Gostoso, não é? O que você estava sentindo, com seus dedos dobrados, era tensão. O que você sente agora é relaxamento.

Agora vire seus dedos para cima para eles apontarem para o seu corpo e leve seus pés para cima com eles. Isso cria tensão nos músculos da panturrilha. Pense sobre essa tensão, mantenha os músculos tensos até eles começarem a doer, depois deixe relaxar. Deixe relaxar completamente.

Agora você está sentindo-se relaxado de novo. Pense na diferença entre a tensão e o relaxamento.

Para a frente e para cima com suas coxas agora. Se não fosse por minha amiga Maga Gabrielle (um membro importante da Fraternidade dos Magos) achar engraçado se ouvir a palavra "coxas", os Magos têm que chamá-las "membros inferiores superiores".

Tensione os músculos de seus membros inferiores superiores. Mantenha-os firmes e tensos até sentir desconforto e depois relaxe. Relaxe completamente. Pense na diferença entre a tensão e o relaxamento.

Agora suas nádegas. Eu sei que você está sentado em cima delas, mas isso não o impedirá de tensionar os músculos. O mesmo de antes, mantenha-as firmes e tensas, depois relaxe e pense na diferença entre a tensão e o relaxamento.

Está compreendendo? Ótimo. O que eu quero que você faça é continuar subindo em seu corpo na seguinte sequência, primeiro tensionando e depois relaxando seus músculos e sempre pensando sobre a diferença de sensação entre a tensão e o relaxamento:

Os músculos de seu estômago.

Os músculos de seu peito.

Os músculos de suas costas.

Os músculos de suas mãos. (Dobre os dedos para transformar suas mãos em punhos, mantenha e relaxe.)

Os músculos de seus braços.

Os músculos de seus ombros ao longo do topo de sua coluna vertebral.

Os músculos de seu pescoço.

Todos os músculos de seu rosto e mandíbulas. (Eu espero que você tenha seguido meu conselho e esteja praticando o Relaxamento do Mago sozinho, porque você vai parecer muito bobo quando tensionar os músculos de seu rosto.)

Por fim, seu couro cabeludo. Franza o rosto para levar o couro cabeludo para frente – você sentirá o movimento, se prestar atenção – depois relaxe de novo. Pense na diferença sentida entre a tensão e o relaxamento.

Agora você deve estar bem relaxado, mas pode conseguir ainda mais. Tensione todos os músculos de seu corpo para que você fique tenso da cabeça aos pés. Respire fundo. Segure a respiração e a tensão, depois expire com um suspiro imenso e relaxe todos os músculos ao mesmo tempo. Isso o relaxará ainda mais.

Mas você pode ficar ainda mais relaxado e de um jeito bem peculiar. O que eu quero que você faça agora, sentado na cadeira e com os olhos fechados e sentindo-se já muito relaxado, é imaginar os músculos de seu corpo alongados e moles. Você pode escolher um músculo em particular ou tentar com todos de uma vez, como você preferir. Mas visualize com mais nitidez possível e observe o que acontece.

Deixou você só mais um pouquinho relaxado, não foi?

Esta é só sua primeira pista de como algo que você imagina pode afetar o mundo físico – neste caso, os músculos de seu corpo. Aqui está outra demonstração, uma que você pode experimentar com seus amigos para se divertir um pouco:

Sente-se confortavelmente, relaxe, feche os olhos e imagine que você tem um limão grande e gostoso à sua frente em um prato. Tente vê-lo tão claramente quanto você consegue com seus olhos da imaginação.

Agora, imagine que você tem uma faca e corta uma grande fatia desse limão. Imagine o perfume forte do limão enquanto a faca corta a casca.

Agora pegue aquela fatia grande, suculenta, fresca de limão e imagine-se mordendo-a. Imagine o sabor do suco ácido do limão em sua boca. Imagine-o escorrendo pelo seu queixo. Imagine o cheiro, o sabor e a sensação em sua pele.

Agora vá secar a boca. Você está salivando. Quer dizer, sua boca de verdade, sua boca física. Criar uma imagem em sua mente, visualizar algo com nitidez, fez algo em sua boca em grande estilo.

Mais uma.

Você sabe que muitas vezes há uma garrafa com uma tampa que simplesmente não abre. Ou talvez um pote de geleia ou picles com uma tampa emperrada? Você sabe como é ficar lá como um idiota tentando e tentando, mas a coisa estúpida não abre?

Tente isso. Largue o pote ou a garrafa por um minuto. Feche os olhos e crie uma imagem de você em sua mente com músculos protuberantes imensos. Veja-se como o homem ou mulher mais forte do mundo, um desses personagens que levanta pesos e dobra barras de ferro. Agora tente virar a tampa de novo, dizendo (bem alto) *forte... forte...* enquanto você abre.

Eu não prometo nada, mas tente.

Se você não tiver uma tampa de garrafa emperrada, pode tentar de outro jeito. Peça a um amigo para ficar com seu braço reto na altura do ombro. Diga-lhe que você vai tentar puxá-lo de volta para baixo, lateral ao corpo, e ele terá de resistir o máximo que puder.

Você deve conseguir baixar o braço dele com um pequeno esforço, mas esta não é a questão. A questão é descobrir de quanto esforço você precisa.

Agora diga a ele para se ver com músculos salientes e dizendo *forte... forte...* Tente empurrar seu braço para baixo enquanto ele estiver fazendo isso. Você perceberá a diferença na hora. Ele realmente fica mais forte de verdade. Troquem de lugar e tente manter seu braço esticado enquanto ele tenta baixá-lo.

Mais adiante neste livro você descobrirá como pode influenciar coisas além do seu corpo usando sua imaginação.

Tarefa para a Lição Treze

Hora do Carnegie Hall. O que você praticará será sua imaginação. Apenas se sente confortavelmente e imagine em sequência as coisas que listei a seguir. Não passe muito tempo em cada uma delas, senão você não terá tempo de fazer sua lição de casa (como se você ligasse para isso), mas passe tempo suficiente para visualizar cada imagem o mais claro que conseguir.

Enquanto lê a lista, perceberá que as coisas ficam cada vez mais complicadas. Você começará só vendo coisas com seu olho da mente, depois vai ouvir e sentir cheiros e tocar com sua imaginação. Isso pode parecer complicado no início, mas ficará mais fácil com a prática. Leia a lista uma vez para terminar esta lição, mas se você *realmente* quiser ser um Mago, voltará e praticará muitas vezes.

Tudo bem, aqui está a lista:

Para começar, quero que você veja ou imagine seu quarto.

Agora um pôr do sol.

Agora a árvore salgueiro-chorão.

Agora sua sombra alongando-se à sua frente no chão.

Agora sons:

Eu quero que você ouça alguém cantando com uma voz muito aguda...

Agora um motor de carro sendo ligado.

Agora um sino.

Agora um temporal com trovões.

Em seguida sabores:

Eu quero que sinta o sabor do sorvete de chocolate.

Agora uma deliciosa maçã suculenta e crocante.

Agora um bolo dos anjos, coberto com chocolate amargo e porções de creme batido.

Agora uma salada de batatas com picles, ovos e maionese.

Vamos adiante para imaginar toque:

Eu quero que você imagine o toque na pele de um bebê.

Agora passe sua mão pela casca de uma árvore.

Sinta como é quando você faz uma sauna muito quente, seguida por uma chuveirada muito fria.

Escave buscando tesouros enterrados com seus dedos em um chão pedregoso.

Em seguida, cheiro:

Eu quero que você sinta o cheiro de um gramado recentemente cortado.

Agora pão assando.

Agora uma fazenda.

Agora a cozinha de um restaurante italiano.

Algo um pouco mais complicado está vindo – imagens em movimento:

Você está caminhando em uma praia, olha para cima e vê um dado gigante caindo do céu em sua direção. Observe esse cubo, vendo seus diferentes lados enquanto ele cai, girando e girando.

Agora você está em pé em uma estação ferroviária e um trem passa ao seu lado.

Agora você está observando uma bola de boliche enquanto ela rola na canaleta e depois bate nos pinos, derrubando todos eles.

Agora imagine um circo com três picadeiros com malabaristas, palhaços e um cavalo pulando por uma argola flamejante.

Agora algo mais complicado ainda:

Você está dirigindo em uma rua movimentada no verão em um Cadillac conversível mascando um chiclete sabor laranja e passando por uma fábrica de chocolate.

Você está sentado à margem de um córrego com seus pés na água. À sua direita, você segura a mão de um homem muito velho. Do seu lado esquerdo você segura a mão de uma criança pequena. Mentalmente recite uma canção que você conheça.

Certo, já teve imaginação suficiente para uma lição. Vamos para a próxima antes que sua cabeça caia!

Lição Quatorze

O Poder do Mago

O que acontece com a música quando o rádio é desligado?

Não acontece nada com ela, isso sim. Ela ainda está lá, mas simplesmente você não consegue ouvi-la. Em todos os lugares em que você vai, você está cercado por um mar de ondas de rádio (e sinais de TV, de fato). Mas você não consegue vê-los, não consegue senti-los, não consegue tocá-los. Você não sabe que eles estão lá até ligar o rádio.

O Poder do Mago é assim. Você está cercado por um mar de energia que as outras pessoas simplesmente não conhecem. Essa energia recebe vários nomes diferentes. Os Magos chineses as chamam de *ch'i*. Os tibetanos a chamam de *rlung*. Os indianos a chamam de *prana*. Os havaianos a chamam de *mana*. E um antigo Mago vienense uma vez a chamou de *magnestismo animal* (é sério). Ela já foi chamada de *orgone* e *energia ódica*, além de outras coisas. Eu a chamo de Poder do Mago. Você está para saber como os Magos lidam com ela.

Veja como você acessa o Poder do Mago:

Primeiro você precisa praticar a respiração. Sim, eu sei que você respira o tempo todo, mas você não faz direito. Não, você não respira bem. Não, é verdade, você – ah, pare de discutir e *escute*! Quando você pensa a respeito, se estiver cercado por um mar de energia, deverá levar energia para dentro de seu corpo com cada respiração. Então, vamos olhar para o modo como você respira.

Sente-se por um minuto e reserve um tempo para observar como você respira. Seu peito se contrai e expande, certo? Mas o que acontece com sua barriga? Se seu peito se contrai e expande, mas sua barriga fica lá parada e não faz nada, você não está respirando do jeito que devia respirar. Respirar só com o seu peito – que é como a maioria das pessoas respira – é uma respiração *superficial*. Ela leva o ar (e energia, não se esqueça) para o topo de seus pulmões enquanto o ar na parte de baixo de seus pulmões fica gasto. Depois de alguns anos, fica bem nojento.

Mas se você usar sua barriga quando respirar, se sua barriga subir e descer em cada respiração, algo mais acontece. Sua inalação vai direto para a parte de baixo de seus pulmões e você expele o ar gasto quando expira. Tente isso agora. Empurre sua barriga para fora quando você inspirar e sinta o ar se movimentando para a parte de baixo de seus pulmões. Empurre sua barriga para dentro quando você expirar e veja como você consegue esvaziar totalmente os seus pulmões.

Não faça isso demais. Se você não estiver acostumado com respiração usando a barriga, ela pode fazer você ficar zonzo até seu corpo se ajustar. Só tente apenas algumas respirações usando a barriga todos os dias, aumentando gradativamente o número até que esse estilo de respiração se torne natural para você.

Isso é só o começo, é claro. Seu passo seguinte é reservar um período por dia para praticar o contato com o Poder do Mago. Para começar, não quero que você passe mais do que dez minutos fazendo isso. Mas quero que reserve esses dez minutos todos os dias. Isso é muito importante. Dez minutos todos os dias – inclusive nos fins de semana – darão resultados. Uma hora ou duas cada vez que se lembrar não o levarão a resultado nenhum. Além disso, nos estágios iniciais, você tem de começar com pouco e aumentar. Então, dez minutos por dia, todos os dias, pelas primeiras quatro semanas. Depois disso você pode aumentar o tempo, devagar e gradativamente, para vinte minutos por dia.

Alguns Magos que conheço tem aumentado ainda mais, para meia hora ou até mais, mas nunca percebi que os tenha tornado Magos melhores.

Certo, você reservou dez minutos e está em um lugar onde não será incomodado ou irritado por sua irmã mais nova. O que fazer com esse tempo? A primeira coisa que você faz é relaxar. Use a Sequência de Relaxamento do Mago que aprendeu antes. Já que vai fazer isso todos os dias agora, logo verá que não precisa seguir toda a sequência formal – você conseguirá relaxar completamente bem rápido. Porém, nas primeiras sessões, faça a sequência completa.

Quando você já estiver calmo e relaxado, comece sua respiração pela barriga. Não force. Ela deve ser livre, compassada e fácil. Você provavelmente achará complicado no início, mas depois de um tempo ela ficará muito mais fácil. Lembre-se de nunca forçar, o exercício nunca deve parecer desconfortável. Antes de irmos adiante, apenas pense por um minuto no que está fazendo. Você está cercado por um mar de Poder do Mago. Você inala um pouco desse poder em cada respiração. Você sempre fez isso, mas agora está respirando mais fundo (com a respiração da barriga), portanto, está absorvendo mais poder. Você extrai mais poder do ar que respira e seu corpo expele completamente o ar gasto (e poder gasto) que, de outro modo, poderia permanecer.

O resultado é que você aumentará tanto a quantidade quanto a qualidade do Poder do Mago disponível para você. E não precisará da minha palavra para isso. Você sentirá o aumento da energia a cada sessão. Mas embora tenha aumentado seu suprimento de Poder do Mago, ele não faz muito bem para você porque você ainda não sabe como controlá-lo. Aqui está outro segredo importante da Arte da Magia:

Você pode usar sua imaginação bem afiada para controlar o Poder do Mago.

É quando todo o trabalho duro que você teve na última lição começará a compensar. Quando estiver realmente confortável com sua respiração, tente isto:

Imagine o mar de energia à sua volta. Veja-o como uma luz branca clara, limpa e cintilante. Observe com calma as ondas grandes e as correntes. Tente sentir a energia doadora de vida pura e crepitante que isso representa.

Agora, enquanto você inspira, imagine essa luz branca inundando suas narinas até seus pulmões e enchendo-os com energia limpa, clara, cintilante. Imagine a luz espalhando-se para encher todo o seu corpo e fazê-lo brilhar.

Depois, enquanto expira, imagine todas as doenças e falhas, maus sentimentos, aflições, dores, todas as coisas de que você quer se livrar, saindo de sua boca na forma de uma fumaça cinza. Note como o mar de luz à sua volta pega essa fumaça e a transforma de novo em energia clara e limpa.

E depois de ter seguido essa sequência algumas vezes, note como você se sente feliz, energizado e limpo.

Toda essa imaginação não só o conecta ao suprimento de Poder do Mago. Na verdade, ela muda o tipo de pessoa que você é. À medida que continua a praticar – e você deve continuar a praticar em uma base regular pelo resto de sua vida – vai perceber que seus níveis de energia sobem. Ao mesmo tempo, notará que está mais calmo, mais à vontade consigo. Sua saúde também melhorará.

Em outras palavras, você começa a se transformar em um Mago adequado.

Tarefas para a Lição Quatorze

Ligue o Poder do Mago, querido(a)! Anote seu progresso em seu Diário do Mago.

# Lição Quinze

A Máscara do Mago

Esta é uma lição curta, mas complicada.

Já percebeu como você muda de personalidade de acordo com a situação? Claro que muda! Não tente me dizer que não! Você está querendo dizer que age exatamente do mesmo jeito com seu professor e seus amigos?

Você não é a mesma pessoa com sua mãe e com um policial. Não acontece só com você. Todo mundo faz uma cara diferente em ocasiões distintas. Acontece que um Mago *sabe* que está mudando de cara.

A máscara que você coloca para lidar com o mundo é chamada de sua personalidade ou *persona* (as duas significam a mesma coisa, mas os psicólogos não receberiam tanto se não tivessem inventado novas palavras). Aqui vai o grande segredo seguinte:

Os Magos assumem uma *persona* especial para trabalhar a Arte da Magia.

Lembre-se de que eu ensinei a você que a Arte da Magia funciona de dentro para fora? O que está dentro de sua cabeça o faz responsável pelo que acontece fora de você. Mas de nada adianta se sua cabeça estiver cheia de discussões como está normalmente. Você precisa aprender a deixar suas brigas lá fora quando quiser trabalhar com Arte da Magia.

Existem algumas outras coisas.

A Arte da Magia não funciona muito bem sem entusiasmo. Você precisa ficar empolgado. Um velho Mago alertou que você deve "inflamar-se com preces"! Justamente o que eu estou ensinando a você, em outras palavras.

E a Arte da Magia não funcionará de jeito nenhum a não ser que você seja confiante. A não ser que saiba profundamente em seu coraçãozinho querido e doce que você será bem-sucedido. Então, você tem de parar de brigar a respeito das coisas, você precisa ficar empolgado (inflamado! Inflamado!) e deve ficar absoluta, total, completa e profundamente confiante.

Não é fácil, né?

O problema não está só em você – não é fácil para ninguém. Até Magos com várias centenas de anos de experiência podem achar isso difícil. O que nós fazemos é isto:

Primeiro tem a questão da sua cabeça. Você não vai para uma prova com sua cabeça trabalhando do mesmo jeito de quando vai para uma dança. Não se você quiser passar. E você não iria à farmácia com a mesma disposição mental com que sobe em um ringue de boxe. (A não ser que você tenha ido a uma farmácia bem violenta em sua vizinhança.)

Quando você quiser praticar magia, sua cabeça é importante do mesmo jeito. Magia é como computadores: o que você tira deles depende do que você coloca neles. Você acha que a Arte da Magia é só diversão e isso é tudo o que você tira dela. Leve isso a sério – e isso não significa um rosto fechado – e terá resultados importantes.

Por isso, a primeira coisa que os Magos experientes fazem é ficar com suas cabeças em boas condições. Eles decidem o que eles querem da magia à mão e agem com o tipo de atitude correta.

Essa atitude se torna parte de sua *Persona* de Mago.

Com a atitude certa, eles deixam o entusiasmo crescer. A magia é um negócio empolgante e, por mais tempo que você trabalhe com ela, ela nunca desaparece de verdade. Eles começam a pensar sobre o que vão fazer, sobre todos os poderes e energia que vão comandar e a empolgação aumenta. Eles a deixam aumentar – você não pode ser entusiasmado demais.

A empolgação torna-se parte de sua *Persona* de Mago.

Eles focam no trabalho à mão. Isso não significa que Magos experientes não tenham irritações. Eles simplesmente decidem deixar suas irritações de lado por quanto tempo for necessário para lançar o feitiço ou o que se prepararam para fazer. Às vezes o foco não é fácil, mas eles se esforçam.

O foco torna-se parte de sua *Persona* de Mago.

De fato, a confiança vem com a experiência. A princípio, o melhor que você pode fazer é abordar a Arte da Magia com uma mente aberta. Vamos tentar isso e ver se funciona. Se sua mente estiver genuinamente aberta e tudo o mais estiver no lugar, funcionará – principalmente se você começar com coisas simples. Quando as coisas simples funcionam, isso dá a confiança para passar para algo um pouco mais complicado. Quando isso dá certo, você passa para algo ainda mais complicado.

A confiança se torna parte da *Persona* do Mago.

É como construirá sua *Persona* de Mago, um pouco de cada vez. Mas, uma vez que você tiver completado a sua *persona*, não terá que se preocupar mais com as partes separadas. Você assume sua *Persona* de Mago de uma vez só.

Entendeu? Você estava bem atento? Você assume a *Persona*. Você a colocará pela cabeça como uma camiseta. Um minuto você é o seu eu simples, desajeitado e comum. No minuto seguinte está *focado* como um Mago... e isso ficará visível. Eu já vi isso centena de vezes. Você junta um grupo de Magos e eles riem e fazem piadas juntos como qualquer outro bando de idiotas. Mas quando chega a hora de descer para trabalhar, eles mudam. Cada um deles. Eles assumem suas *Personas* de Magos.

Um grande truque é assumir sua *Persona* de Mago na mesma hora em que veste outra coisa, tipo o seu Anel de Mago ou seu manto de Mago. Eu vou falar com você sobre Anéis de Magos e Mantos de Magos na lição seguinte, mas você pode ver como funciona.

Isso significa que você pode juntar coisas em sua cabeça de modo que quando faz uma coisa, a outra surge automaticamente. Então, se você colocar seu Manto de Mago exatamente ao mesmo tempo que assume sua *Persona* de Mago, e fizer isso com uma frequência que seja suficiente, vai chegar a hora em que apenas tem de colocar seu manto – a *Persona* o seguirá automaticamente.

Tarefa para a Lição Quinze

Nos próximos sete dias, reserve dez minutos por dia para trabalhar na construção de sua *Persona* de Mago. Ela não ficará perfeita em uma semana, mas é um começo.

Lição Dezesseis

Manto do Mago, Anel de Mago

Esta lição é ainda mais curta, mas muito menos complicada.

Nos contos de fadas que você leu quando criança, o Mago estava sempre vestido com mantos prateados brilhantes com sóis, luas e estrelas bordados e um chapéu pontudo.

Bem, você pode esquecer o chapéu pontudo para começar. A última vez que eu usei um chapéu pontudo foi quando eles me colocaram em um canto por ser o último da classe na escola. Aqui vai o próximo grande segredo da Arte da Magia:

Nenhum Mago de verdade usa um chapéu pontudo.

Você pode esquecer os mantos prateados brilhantes também. Magos usam mantos, mas se você encontrar um Mago com um manto prateado brilhante, com sóis e luas bordados, pode apostar que ele vai a uma festa à fantasia e não para algum lugar para fazer magia.

Seu manto básico de Mago tem esta aparência:

Ele pode ser feito de algodão, linho, seda ou qualquer outro material natural que você possa comprar. Quando colocar o manto, deverá ficar coberto do pescoço aos tornozelos quando fechá-lo.

Há uma ou duas exceções quando você entra em operações de magia realmente avançadas, mas a cor de um manto de trabalho de um Mago será branca ou preta.

Há alguns anos, eu ouvi de um grupo de Magos que insistiam que todo mundo trabalhasse com mantos brancos. Eles tinham a ideia maluca de que os mantos negros significavam magia negra.

Bem, deixe-me lhe dizer, usei mantos negros desde os tempos em que eu era um bebê Mago e qualquer um que disser que faço magia negra vai levar um soco no nariz. O que importa não é a cor de seu manto – é a cor de suas intenções.

A outra coisa é a ornamentação. Em algumas Convenções de Magos você é ofuscado pelos mantos. Pingentes mágicos, sigilos, símbolos, gemas e cristais. E que bordados elaborados! Todo mundo tentando fingir que eles são os Magos Fodões, Grandes Iniciados Disso, Grandes Imensos e Enormes Mestres Daquilo. Tudo bem se você quiser fazer de si mesmo um espetáculo. Porém, se quiser apenas praticar a Arte da Magia, tudo o que você precisa é de um manto simples, branco ou preto.

Mas você pode usar um cordão – um cordão branco, bonito e macio para amarrar em volta de sua cintura. Isso não é ornamento. É um jeito de impedir que você tropece em seu manto enquanto estiver praticando magia. (O que não é recomendado!) Meu amigo, o Mago Lores diz que cordões brancos são excelentes para iniciantes, portanto, é o que você deve usar.

Por que usar um manto, afinal? Eu vou lhe dizer. Porque os mantos ajudam você a separar-se de seu dia comum. Coloque um manto e você está pronto para o ato de magia. É como um operário de construção colocando seu capacete. Ele o faz entrar no estado mental como nada mais consegue. É por isso que mencionei os mantos na última lição sobre a *Persona* do Mago. Apenas colocar o seu manto torna assumir sua *Persona* de Mago duas vezes mais fácil.

Então, onde você consegue um manto? Bem, você pode pedir para seus pais fazerem um para você. Não, honestamente. Dê uma outra olhada para a imagem. Você já viu uma roupa mais simples em sua vida? Não é bonita, mas funciona.

Tendo dito isso, *comprei* meu primeiro manto de Mago. Eu o encontrei em uma loja de roupas clericais. Ninguém pergunta se você é um vigário.

Pode haver um velho manto de Halloween pela casa que você possa usar. Ou você pode até esquecer totalmente do manto e simplesmente decidir sempre usar determinados itens de suas roupas quando praticar magia. O truque é usar as mesmas roupas para sua Arte de Magia e *não usá-las para nada mais*.

Você não precisa de um Anel de Mago. Você pode passar toda sua vida na magia e nunca usar um Anel de Mago. Porém, é legal ter um.

Você pode fazer um deles também – você pode fazer *qualquer coisa* que precisar para a Arte da Magia –, mas existe um jeito melhor. O jeito melhor é esperar.

Entre todos os itens de magia, o Anel de Mago é o mais provável de surgir um dia. Você vai saber quando o vir. Você dará uma olhada e pensará: *Uau! Eu gostei daquele para o meu Anel de Mago*. Pode ser qualquer tipo de anel, até uma coisa tirada de uma máquina de vendas. Você vai acabar comprando, trocando alguma coisa por ele ou talvez alguém o dê para você como um presente.

Portanto, talvez você tenha que esperar um pouco. Eu ainda estou esperando pelo meu Anel de Mago, depois de mais de 40 anos. Tive alguns anéis ótimos no meu tempo – inclusive um anel de ametista com veneno que perdi antes de poder envenenar alguém com ele –, mas nenhum deles foi meu Anel de Mago. Ele aparecerá um dia, ou não.

De qualquer modo, isso certamente não me impedirá de praticar magia.

Tarefa para a Lição Dezesseis

Espere com muita paciência por seu Anel de Mago e decida o que quer fazer a respeito de seu Manto de Mago. Na verdade, você não tem fazer ou comprar um manto – embora você possa se desejar –, mas decida o que fazer antes de passar para a próxima lição.

Lição Dezessete

Espaço do Mago

Se um dia se tornar um cirurgião de cérebro – não, isso pode acontecer –, você não vai pensar em executar uma operação sem desinfetar os instrumentos que utilizar e o lugar onde planeja usá-los.

Os Magos trabalham assim, também. Logo eu lhe contarei como "desinfetar" seus instrumentos de magia – as Ferramentas do Mago –, mas neste capítulo vou me concentrar em seu espaço de trabalho.

Do mesmo modo que a sala de operações do cirurgião de cérebro, o local de trabalho do Mago tem de ser limpo e, de certa forma, desinfetado. O que você está fazendo é criar um lugar em que sua magia tenha a melhor possibilidade de funcionar com eficácia. Não deve ter nenhuma energia desgarrada infiltrada nele. Não deve haver nenhuma entidade indesejável rastejando por lá para descobrir o que você vai fazer.

Mas se você voltar aos primeiros princípios, de volta à primeira coisa que ensinei a você, vai se lembrar de que a Arte da Magia funciona de dentro para fora. Isso significa que existem *duas áreas* para um local de trabalho de um Mago – o espaço em que ele está e a contraparte daquele espaço em sua mente.

Eu sei que isso é duro, então, deixe-me dar um exemplo.

Olhe à sua volta, para o lugar onde você está lendo este livro. Talvez esteja sentado em casa, talvez esteja deitado na grama em uma praça. Não importa, simplesmente olhe em volta, onde quer que você esteja.

Agora feche seus olhos e faça um retrato em sua mente do lugar para onde você acabou de olhar.

Viu o que aconteceu? Em vez de um lugar, agora existem dois lugares. Um é o lugar onde você está lendo o livro. O outro é a réplica dele que você acabou de construir dentro de sua cabeça.

Eu o levei a fazer isso de propósito, só para que saiba do que eu estava falando, mas o fato é que você faz isso o tempo todo mesmo que não perceba. É como anda pelo seu quarto no escuro. É como encontra seu caminho em uma cidade familiar. Você sabe o que está no entorno de cada esquina antes de virar, sabe para onde cada rua leva, porque você tem uma maquete da cidade dentro de sua cabeça.

Então, quando nós falamos sobre espaço de trabalho do Mago, na verdade estamos falando de dois locais de trabalho – o local de trabalho físico e a imagem daquele espaço na mente do Mago.

Está me entendendo? Ótimo.

A única razão por eu estar complicando isso é que, diferentemente de um cirurgião, não é o espaço físico que importa. É o espaço de trabalho dentro da sua cabeça.

(O que não significa que você possa negligenciar o espaço físico – ele precisa estar limpo e arrumado –, mas o verdadeiro trabalho é feito em sua imaginação.)

Tudo bem, vamos começar com o físico. Você está planejando um pouco de Arte da Magia e precisa de um lugar para praticá-la. Assim, primeiro encontre um espaço grande o suficiente para fazer o trabalho e, com sorte, calmo o bastante para que você não seja incomodado.

Agora, limpe o lugar.

Nenhum Mago trabalha bem cercado de bagunça. Não estou lhe dizendo para arrumar seu quarto – sei até onde *isso* me levaria –, mas estou dizendo para você limpar um espaço de trabalho para si. Abra espaço em seu quarto. Isso pode significar pegar algumas meias mal-cheirosas e empurrar algumas cadeiras para um lado. Isso vai matar você?

Agora limpe o quarto.

Eu não estou falando de balde e esfregão aqui, a não ser que você planeje trabalhar em um verdadeiro chiqueiro. Mas estou lhe dizendo que a sujeira atrai coisas que você não vai querer atraídas. Então, se o lugar precisa ser varrido, varra. Se precisar ser esfregado, esfregue. Se precisar ser lavado, lave. Limpo e organizado, este é seu lema a partir de agora.

Um lugar limpo e organizado não é um espaço consagrado, mas é um começo. Seu próximo trabalho é transformar o espaço organizado em um espaço sagrado. Existem vários jeitos de fazer isso, mas, de longe, o melhor é este:

Você sabe como sempre ouviu falar de círculo mágico? Bem, você irá desenhar um. E há outro daqueles fabulosos segredos de Mago que eu continuo revelando:

Um círculo se torna mágico quando você o desenha dentro de sua mente.

Sente-se no centro exato de seu local de trabalho. Feche os olhos e imagine que você está rodeado de perto por um círculo de fogo azul. O tom do azul é importante. Ele precisa ser um azul-celeste clarinho e brilhante. Imagine essa chama azul-clara e limpa queimando em um círculo à sua volta.

Agora imagine o círculo de chama expandindo-se para fora de modo que, no fim, ele aumente até preencher seu local de trabalho. Imagine que, à medida que ele se expande, ele queima toda a sujeira, deixando o espaço dentro do círculo flamejante – incluindo você – sem nenhuma poeirinha.

Se você fizer isso direito, você deve ter ficado com um espaço de trabalho interno limpo cercado por uma parede circular de chama azul-clara.

Tarefa para a Lição Dezessete

Pratique criar uma área de espaço sagrado. Anote quaisquer problemas em seu Diário do Mago.

Lição Dezoito

Uma Pequena Prática de Magia Simples

Você ainda está fazendo seus exercícios de Poder do Mago? Não tem desculpas. Supostamente, você deve mantê-los todos os dias. Todo dia. Como acha que vai se tornar um verdadeiro Mago se não estiver ligado ao poder do Mago?

Além do mais, você vai precisar desse poder agora mesmo. Porque vai aprender uma magia simples – magia que vai além de coisas como preparar seu espaço ou criar suas Ferramentas de Mago. Eu vou mostrar como obter *resultados* do jeito do Mago.

Está bem, lá vamos nós.

Vamos supor que você acabou de sentar no CD favorito de seu melhor amigo e o quebrou completamente. Seu melhor amigo ainda não descobriu, mas se você não substituí-lo logo, é outro relacionamento legal indo pelo ralo. O problema é que seu amigo não gosta de música boa. O CD que você acabou de quebrar era um exemplar raro de algum cara que tocava piano na Idade da Pedra. Você procurou em todas as lojas de música locais. Você fez buscas na internet. Você não achou nada. Parece não existir outra cópia daquele CD em todo o universo conhecido.

Está na hora de uma pequena magia simples.

Agarrando sua cópia muito folheada de *O Livro da Arte da Magia*, você volta rápido para a Lição Dez, onde descobrirá que o planeta associado à música é Vênus.

O ideal seria descobrir as horas planetárias regidas por Vênus, mas já que você é apenas um Mago iniciante, as chances são de essa operação simples demorar mais tempo do que uma hora planetária para chegar a resultados, então eu o aconselho a começar a prática como a última coisa à noite antes de ir para a cama. Assim, você pode cair no sono com a magia ainda acontecendo, por assim dizer, e deixar o poder grandioso de sua mente adormecida ajudar as coisas.[8] Se você for *realmente* perspicaz, repetirá a operação logo ao acordar de manhã também.

O que você faz é o seguinte:

Aumente o Poder do Mago como você aprendeu antes.

Agora comece a imaginar a cor negativa de Vênus – verde. Enquanto vê a cor com seus olhos da mente, imagine tudo em volta de você começando a ficar com uma iridescência verde com a luz de Vênus.

O resultado disso é que você absorve em si todas as energias de Vênus no universo, começando a movimentar uma grande corrente de poder secreto que varrerá em sua direção exatamente essas coisas de que você precisa para resolver seu problema de Vênus (música na forma de um CD danificado).

Agora, isto é importante. Não é bom ficar sentado sozinho em seu quarto esperando que o CD caia do teto. A magia não funciona assim, independentemente do que você andou lendo. *A magia funciona por meio de canais naturais.* Este é outro dos grandes segredos da Arte da Magia. E agora que você sabe disso, é melhor manter esses canais abertos.

Por isso quero dizer que você deve continuar a tentar encontrar o CD, exatamente como antes. Deve continuar ligando para as lojas, procurando na internet, pedindo aos amigos para o ajudarem. A diferença agora é que, com o poder da Arte da Magia do seu lado, seus esforços trarão resultados.

(Aliás, se seu melhor amigo tivesse só perdido o CD – nada a ver com você sentando nele – você poderia oferecer a ele uma pequena ajuda de Mago mudando as coisas de leve. Em vez de imaginar todas as forças de Vênus convergindo para você, as imaginaria projetadas de você para seu amigo. Se você estivesse lidando com algo diferente

---

8. Nós falaremos sobre o poder grandioso de sua mente adormecida mais tarde neste livro.

do que as energias de Vênus e Marte, também precisaria usar a cor positiva do planeta neste exemplo.)

Tarefa para a Lição Dezoito

Decida por um projeto, depois, como um experimento, tente uma magia simples para ajudá-lo a completar o projeto. Anote os resultados obtidos em seu Diário do Mago.

Você não está praticando bem? Para ser honesto, nunca pensei que você chegaria tão longe. Mas você chegou, o que só mostra o quanto eu sei. Neste estágio você recebeu uma boa base em Arte de Magia. Você tem o sistema. Tem o poder. Tem as técnicas básicas. Se você quiser ir adiante, estou incluindo algumas lições avançadas neste livro que o levarão por todo o caminho até a Aventura do Mago, o único jeito para você conseguir se reunir à Fraternidade dos Magos. Mas, por enquanto, tem minha permissão para se chamar pelo elevado título de...

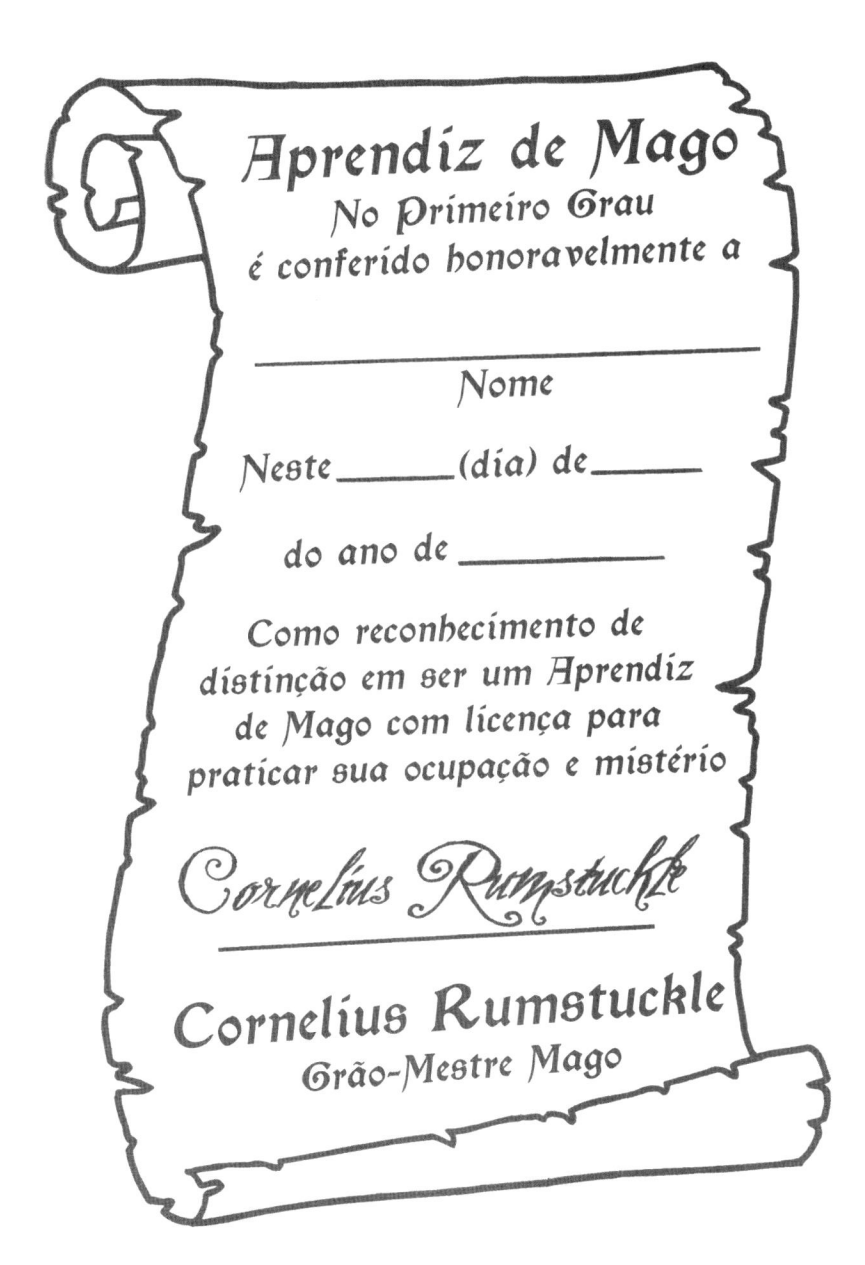

Aprendiz de Mago
No Primeiro Grau
é conferido honoravelmente a

_____
Nome

Neste _____ (dia) de _____

do ano de _____

Como reconhecimento de
distinção em ser um Aprendiz
de Mago com licença para
praticar sua ocupação e mistério

Cornelius Rumstuckle
_____

Cornelius Rumstuckle
Grão-Mestre Mago

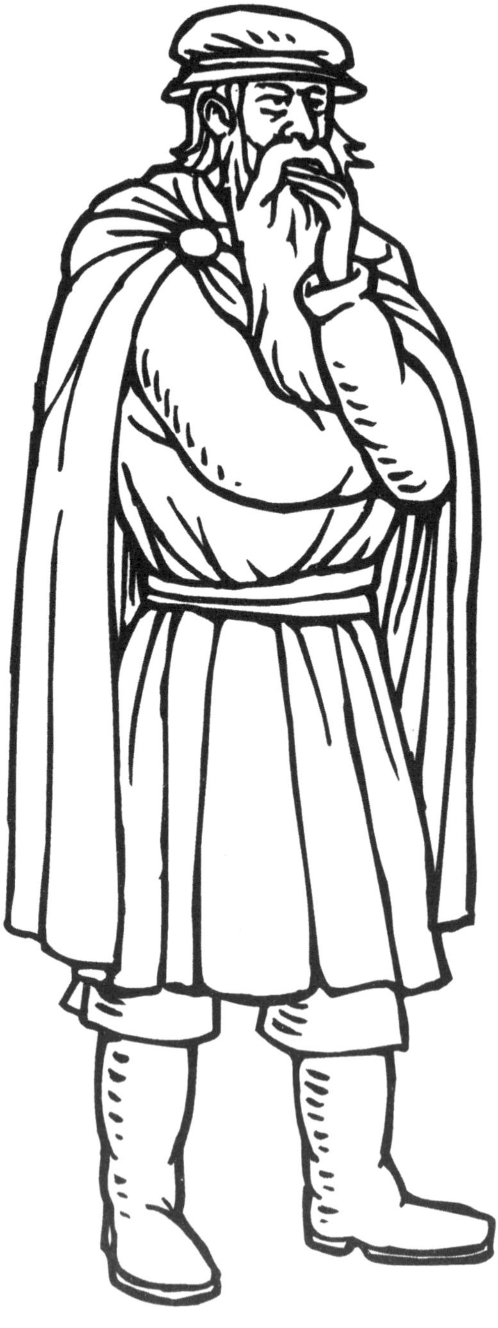

Lição Dezenove

A Arte Secreta da Memória do Mago

Você já se perguntou como vai se lembrar de todas as coisas de que deve? Os Magos precisam se recordar de mais coisas que a maior parte das pessoas, como você já deve ter percebido agora. Nos tempos antigos, eles tinham de se lembrar de mais ainda. Eles faziam muito trabalho cerimonial naquela época, cheios de Nomes de Poder assustadores e impronunciáveis, e tinham de decorar tudo. E mais ainda, existia uma lenda urbana sobre isso – se você usasse apenas uma palavra errada, algo asqueroso comia você. Não era verdade, mas, com certeza, manteve os Magos na linha.

Eles lidavam com o problema de um jeito muito típico dos Magos: roubaram a Arte Secreta da Memória.

O personagem de quem eles a roubaram foi um poeta grego chamado Simonides, que viveu há mais de 2.500 anos. Sims, como eu o chamava, desperdiçou a maior parte de seu tempo escrevendo odes de vitória, lamentos para funerais, elegias e todo o tipo de bobagem. Mas isso lhe dava muitos convites para jantares, e uma noite ele foi convidado para um banquete de vitória.

Você não viveu até ter participado de um banquete grego. Era costume você tomar um pouco de vinho para relaxar sempre e, em geral, no meio do banquete, está tão relaxado que não consegue parar em pé. É quando eles começam a dança do riso? Eu pensei que eu nunca – *humph*, bem, já fui longe o suficiente na rua da memória: estava contando a você sobre o banquete em que o velho Sims foi.

O piso caiu.

Sim, de verdade. Matou a todos. Corpos mutilados por todo o lugar. Exceto o velho Sims, claro. Acredito que ficou com vontade de fazer xixi. Enfim, ele foi a algum lugar pouco antes de acontecer. Quando voltou, estava parecido com a III Guerra Mundial. (Exceto pelo fato de que eles nem tinham tido a I Guerra Mundial naqueles tempos.) Alguém pediu a ele para identificar os corpos.

Parecia impossível, é claro. Eram centenas de convidados e a maioria deles estava tão esmagada que suas mães não os teriam reconhecido. Mas Simonides sorriu misteriosamente porque, de repente, ele percebeu que conseguia se lembrar de todos que tinham estado lá, visualizando onde cada um esteve sentado.

E foi o que o inspirou a desenvolver seu sistema secreto de memória.

De fato, o sistema não ficou tão secreto por muito tempo. O problema foi que Sims o mencionou ao seu melhor amigo o que, como você provavelmente sabe, é como colocar uma publicidade em um jornal. O melhor amigo contou para seu melhor amigo, que contou ao seu melhor amigo – tudo em total segredo, veja só – e antes de você poder dizer Arte da Magia, estava por toda a Grécia. Depois os romanos invadiram e o levaram, do jeito que eles levaram tudo o mais.

Mas o segredo voltou a ser secreto depois da queda do Império Romano. A queda foi sucedida pela Idade das Trevas, quando ninguém sabia de nada sobre nada. A não ser os Magos, é claro. Eles tinham os livros antigos, sabe? Inclusive os livros escritos por Simonides. Eles se apropriaram do sistema de Sims e o passaram adiante como a Arte Secreta de Memória dos Magos.

A Arte Secreta de Memória dos Magos é baseada em algo chamado *locus*. Isso significa "lugar" em latim. Mas é um tipo muito especial de lugar – aquele que existe em dois lugares ao mesmo tempo.

Sim, sei que é confuso. Mas pare de reclamar por um minuto e escute. (Alguma vez prometi a você que a Arte da Magia faria sentido?) Aqui está um exemplo de um lugar que existe em dois lugares ao mesmo tempo... *a sua casa!*

Sim, ela está em dois lugares. Só me escute. Sua casa existe em tijolos e cimento no número 788755433221 da East 56th. Street, Nova York, Nova York, ou em qualquer lugar onde você more. Porém, ela também existe dentro de sua cabeça. Se eu perguntasse a você a cor da porta da frente, você poderia me dizer. Se perguntasse o que estava em cima do piano na sala de estar, você poderia me contar. E até sem olhar. Você carrega uma imagem de sua casa dentro de sua cabeça. Os Magos diriam que você tem uma casa física e uma casa astral.

Qualquer lugar que existe em dois lugares ao mesmo tempo pode ser usado como um *locus* na arte secreta de memória dos Magos. Dê uma olhada nesta lista e mostrarei como a você:

Livro	Monte Everest
Aparelho de TV	Guitarra
Dinossauro	Conde Drácula
Vaso	Múmia egípcia
Gatinho	Chapéu
Fotografia	Bastão de baseball
Jipe	Telefone
Os *Rugrats*	Computador
Rosquinha	Revista
Varinha Mágica	Aparelho de DVD
Leão	O presidente
Pauzinhos para comida japonesa	Avião
	A *Mona Lisa*

Está certo, você leu a lista. Agora feche o livro e escreva quantos itens você puder de memória. Eu espero.

Existem 25 itens nessa lista. De quantos você se lembrou? De todos os 25? Mentira tem perna curta, hein? Eu ficaria surpreso se você conseguiu pelo menos metade deles. Mas isso é porque você não usou a Arte Secreta de Memória dos Magos.

Vamos tentar de novo. Mas desta vez antes até de olhar para sua lista, quero que você imagine sua casa. Eu quero que você se imagine parado na porta da frente. Não, do lado de fora. Como se você estivesse para entrar. Agora imagine o primeiro item da lista – o livro – no degrau da porta. Veja-o como um livro grande. De fato, veja-o como um livro gigante, de modo que você tem de pular por cima dele para chegar à sua porta da frente. Ou você pode imaginá-lo com braços e pernas, cantando e dançando, se você preferir. Em outras palavras, exagere o livro.

Depois de colocar o livro no degrau da porta, tente pregar o aparelho de TV (o segundo item de nossa lista) na porta de entrada. Sim, é claro que isso arruinaria a TV, mas você só está *imaginando*, dã! Use um prego grande. Imagine o aparelho de TV se contorcendo. Exagere o aparelho de TV.

Abra a porta da frente com o aparelho de TV se contorcendo e veja o dinossauro em seu *hall* de entrada. Você não precisa exagerar um dinossauro – ele já é exagerado o suficiente. Só tome cuidado para que ele não o coma.

Você entendeu a ideia? Eu não sei como é a sua casa, então não posso percorrê-la. Mas a ideia é percorrer o resto de sua casa, colocando os itens de sua lista, em ordem, nos vários lugares que você visitar. Se você tem uma casa bem grande, pode colocar um item em cada cômodo. Se está vivendo em uma casa de um quarto, você terá de colocá-los em lugares diferentes espalhados por um só quarto. Não importa o caso – apenas os coloque. E não se esqueça de exagerar os itens. Faça-os ficarem bem grandes, bem pequenos, dançando ou bêbados. Exagere-os do jeito que você quiser.

Como assim, não consegue fazer o Monte Everest caber em sua casa? Claro que você não consegue fazer o Monte Everest caber em sua casa. Você não conseguiria encaixá-lo na Casa Branca – ele é a maior montanha do mundo. Mas você consegue colocá-lo em sua casa *imaginária* muito bem. Simplesmente, enfie-o lá dentro. E tenha cuidado com os Sherpas.

Bom, quando você tiver colocado os itens da lista em sua casa imaginária – seu *locus* –, feche o livro de novo e vamos ver de quantos você se lembra agora. Apenas feche os olhos e imagine-se caminhando pela sua casa do jeito que você fez antes. Apenas desta vez anote as coisas que encontra lá. Como o livro em seu degrau de entrada, a TV pregada na porta, o dinossauro no *hall* de entrada e por aí vai, o caminho todo até a *Mona Lisa* que seus pais roubaram do Louvre e dependuraram no banheiro.

Eu não estou dizendo que você se lembrará de *todos* os itens da lista – afinal, esta é a primeira vez que você usa a Arte de Memória dos Magos –, mas posso garantir que você terá mais acertos do que na primeira vez. E posso também garantir que com um pouco de pratica, você *será* capaz de se lembrar de cada item da lista, ou de qualquer outra lista, com quase nenhum esforço que seja.

Quando isso acontece, você pode percorrer a lista toda para a frente ou para trás (inverta a direção que você percorre atravessando a casa quando quiser ler a lista de trás para a frente). Você também pode nomear o décimo quinto item da lista ou qualquer outro item numerado – apenas ande pela casa contando.

É uma boa ideia para começar a Arte de Memória do Mago com sua casa como *locus*, porém mais tarde quando quiser se lembrar de quantidades enormes de informação, você pode querer construir um *locus* maior e diferente. Os Magos antigos da Renascença Europeia costumavam caminhar por grandes edifícios públicos, como bibliotecas, museus, esse tipo de coisa, até conhecerem cada centímetro deles. Você pode fazer a mesma coisa com um edifício público grande em sua região. Ele dará um ótimo *locus*.

Ele também lhe dará prática para outra coisa que eu quero ensinar na próxima lição: a construção de seu Castelo de Mago. Mas antes de mudarmos para ela, aqui está algo que você pode fazer para impressionar seus amigos. Como você gostaria de ser capaz de nomear o dia que combina com qualquer data em todo o ano? Quero dizer, logo de cara.

Na verdade, é um truque, embora ele requeira um pouco de memória, mas não mais do que você conseguirá lidar facilmente usando o seu *locus*.

Primeiro, você terá de fazer um pequeno preparo. Pegue o calendário do ano atual e olhe para as datas do *primeiro domingo* de cada mês em todo o ano. Eu não sei em que ano você estará lendo este livro, mas lá atrás, em 1996, por exemplo, o primeiro domingo de janeiro foi em 7 de janeiro, em fevereiro foi 4 de fevereiro, em março foi 3 de março, em abril foi 7 de abril, em maio foi 5 de maio, e por aí vai.

Escreva todos esses números um depois do outro até você acabar com um número de 12 dígitos (em 1996 foi 743752741631, mas você estará trabalhando com um número diferente para o seu ano atual). Este número é a única coisa que você precisa lembrar. Você pode conseguir isso com bastante facilidade deixando cada dígito do número, em ordem, em seu *locus*. Lembre-se de exagerar os dígitos. Faça o primeiro em um Technicolor® glorioso. Faça o seguinte dançando tango. E por aí vai.

Quando tiver certeza de sabê-los todos de cor, você pode desafiar um amigo a pedir uma data. Vamos supor que seja 20 de julho. Agora, preste atenção, porque eu vou lhe mostrar como descobrir o dia usando o ano de 1996 como exemplo.

Para 1996, você memorizou o número 743752741631. Janeiro é o primeiro mês, fevereiro o segundo e se você contar um pouco, perceberá que julho é o sétimo mês. Então, conte o número que você memorizou até chegar ao sétimo dígito. O que, por uma fantástica coincidência, também é sete em nosso exemplo. Isso lhe diz que o primeiro domingo de julho caiu no dia 7.

Quando você souber o dia, pode descobrir que o segundo domingo de julho cai no dia 14, o terceiro dia 21 e o quarto em 28 de julho – só some sete para cada semana. Uma vez que 21 de julho é um domingo, como consequência, dia 20 de julho, a data que você está procurando, tem que ser o dia anterior – um sábado. Fácil, fácil. Pareça estressado por um tempinho, depois sorria misteriosamente e diga ao seu amigo.

Tarefa para a Lição Dezenove
Crie um *locus* para você e trabalhe com ele até você poder memorizar perfeitamente a lista que eu lhe dei.

Lição Vinte

O Castelo do Mago

Chegamos à Arte da Magia Avançada – você vai construir um castelo para si.

Quanto vai custar? Você nunca vai parar de reclamar? Não vai custar nenhum centavo para você. Nem menos de um centavo. Tudo o que ele vai custar será um pouco de tempo e esforço. E prática. É o jeito de chegar ao Carnegie Hall, certo?

O Castelo do Mago não existe no mundo físico. Ele existe no mundo astral. Você o constrói com sua imaginação, um pouco como o *locus* em que você trabalhou na última lição. Exceto por uma diferença importante. Você constrói seu *locus* tendo como base sua casa ou algum outro prédio que conheceu bem. Você vai construir seu castelo com base em um projeto que darei a você.

O projeto vai consistir em uma descrição provocadora, que ajudará você a visualizar uma pequena parte de seu castelo antes de deixar você criar o resto sozinho. Quando você tiver lido a descrição, grave-a em um gravador. (Se você não tiver um gravador, terá de conseguir um amigo para ler a descrição em voz alta até se acostumar a ela.) Depois encontre um lugar onde não seja incomodado, faça sua Sequência de Relaxamento do Mago, feche seus olhos e toque a descrição.

Enquanto você ouve sua gravação (ou a leitura feita pelo seu amigo), tente visualizar seu Castelo do Mago do jeito mais nítido que puder. E não apenas vê-lo. Tente ouvir os sons, sentir os cheiros, tocar as paredes e as tapeçarias. Imagine que você está caminhando pelo castelo, aprendendo o que está lá, examinando o mobiliário.

Você vai precisar fazer isso mais de uma vez. Na verdade, vai precisar fazer isso todos os dias por quanto tempo demore até ser capaz de fechar os olhos em qualquer lugar – pontos de ônibus, aeroportos, mercados – e caminhar para dentro de seu castelo.

O que você está fazendo aqui é construir um refúgio, um espaço de trabalho interno, um lugar de encontros e muito mais. É Arte da Magia de primeira classe, então, não se apresse para fazê-lo direito. Depois da descrição eu lhe direi como usar seu castelo. Veja a seguir a descrição:

Você está em pé em um gramado do lado de fora das paredes de pedra cinza desgastadas de um grande castelo medieval, cheio de torres grandes e pequenas, além de ameias. Este é o seu castelo. As bandeiras nas torres são *suas*. A insígnia sobre elas é a *sua*.

Ninguém pode entrar no castelo, a não ser com seu convite. Ninguém nem sabe como encontrá-lo, a não ser que você lhe diga. Embora existam muitos outros castelos de Magos neste mundo, não há dois idênticos. Esse Castelo é completa e unicamente seu.

Quando estiver em pé diante desse lugar poderoso, você vê que ele está cercado por um fosso profundo e escuro, que o portão está rebaixado e a ponte levadiça está erguida. Apenas você pode pedir para abaixarem ou erguerem aquela ponte levadiça. Você deve fazer isso agora, com um ato de vontade e imaginação.

Você pode ouvir o barulho das correntes e engrenagens enquanto a ponte levadiça abaixa devagar. Você espera até ela fazer uma ponte sobre o fosso, depois começa a caminhar devagar por ela. Enquanto anda, o portão começa a subir como se fosse por sua própria vontade. De novo você consegue ouvir o barulho das correntes e o rangido das engrenagens.

Além do portão tem um túnel pequeno em arco com uma série de furos no teto e gárgulas pequenas e feias fixadas na parede embaixo de cada um deles. Você atravessa o túnel com confiança, pois sabe que nada pode feri-lo aqui – este é o seu castelo, sua casa mais secreta.

Você sai do túnel para um pátio aberto. À sua direita estão os estábulos para os seus cavalos. À esquerda estão canis para seus cães. E, logo à frente, bem acima de você, está a própria parte de manutenção do castelo.

Você anda em direção à porta de madeira com dobradiças de ferro, que abre quando você se aproxima, permitindo que entre em um *hall* de entrada de placas de pedra com estátuas de mármore em tamanho natural, contornando paredes recobertas por madeira. Nessas paredes, à sua direita, à sua esquerda e à frente estão três portas maciças de madeira.

Por favor, entre agora no *hall* de entrada. Fique um tempinho examinando e admirando as estátuas, depois selecione uma das três portas para começar/continuar sua exploração de seu castelo.

Existem muitas coisas interessantes para encontrar em seu castelo, entre elas:

- Um lugar de cura;
- Um lugar para nutrição;
- Uma escada central em espiral que lhe dará acesso a todos os níveis do castelo;
- Passagens secretas;
- Masmorras;
- Uma capela ou templo.

Infelizmente, não posso revelar, exatamente, onde estão esses lugares dentro de seu castelo, nem posso dizer com precisão qual a aparência deles. Mas sei que estão lá, porque eu os descobri em meu próprio castelo e sei que outros Magos descobriram lugares semelhantes nos seus. Daí, se você explorar por tempo suficiente, posso garantir que também os encontrará. Você também encontrará câmaras que nem eu mesmo conheço, sem mencionar coisas que você pode usar na sua Arte de Magia e na sua vida.

Tudo o que você encontrar fará parte de quem e o que você é, porque o Castelo do Mago, na verdade, equivale a seu corpo e sua alma. Com ele poderá descobrir coisas sobre si mesmo que nunca soube, colocará em uso forças que você nem sabia ter. Você pode passar toda uma vida explorando esse castelo e nunca chegar ao fim dele. Ele é uma das ferramentas mais importantes da Arte da Magia que você usará em toda a sua vida.

Tarefa para a Lição Vinte

Passe meia hora por dia durante uma semana explorando seu Castelo do Mago. Anote tudo o que encontrar lá em seu Diário. Procure, em especial, por passagens secretas – você encontrará algumas abertas quando movimentar determinados itens, como armaduras.

É muito importante que você conduza bem sua exploração. Caminhe pelo castelo em sua mente e descubra o que está lá para ser descoberto. *Não* decida simplesmente: "Eu quero uma passagem secreta aqui" e depois a visualize abrindo-se; isso é um exercício completamente inútil. Em vez disso, concentre-se em tratar seu castelo como absolutamente real e você como seu morador.

Quando você tiver o processo na ponta da língua, vai achar a exploração de seu castelo um verdadeiro prazer e vai querer saber mais e mais sobre o que ele contém. Os Magos podem e passam anos em sua exploração e seria pior para você não seguir o exemplo deles. Mas, para começar, você só precisará passar uma semana antes de continuar com a lição seguinte.

Lição Vinte e Um

O Sonho do Mago

Mesmo se você viver apenas uma centena de anos, desperdiçará 33 anos e quatro meses dormindo profundamente.

Bem, não precisa desperdiçar. Não com meu treinamento de Mago. Você terá tempo suficiente para ficar deitado com os olhos fechados quando estiver morto. Enquanto ainda respira, pode trabalhar um pouco à noite, começando com esta lição. Aqui vai outro segredo da Arte da Magia:

Muitos Magos fazem seu melhor trabalho enquanto estão sonhando.

Você sonha todas as noites. Sim, você sonha. Você pode achar que não, mas isso é só porque você nem sempre *se lembra*. Você teve seu primeiro sonho uma hora e meia depois de cair no sono na noite passada. Ele durou por volta de 10 minutos, mas você teve outro entre uma hora e noventa minutos mais tarde. E por aí vai, por toda a noite, com os sonhos ficando mais longos e mais frequentes pela manhã.

Eu sei que, provavelmente, tudo isso é novidade para você, mas conheço essas coisas.

A primeira coisa que você tem de fazer é se lembrar de seus sonhos. Isso não é difícil, mas também não é tão fácil, principalmente no começo. Infelizmente, é necessário, portanto, pare de reclamar. Leve seu Diário para a cama com você esta noite. E uma caneta. E, se precisar, uma pequena lanterna, que será necessária se você divide o quarto com alguém e não quiser ser espancado por ligar a luz no meio da noite.

Quando você for para a cama e antes de cair no sono (é óbvio), diga a si mesmo que nesta noite você vai se lembrar de seus sonhos. Diga a si mesmo que é *importante* você se lembrar de seus sonhos.

O truque para se lembrar é escrever o sonho no instante em que você acordar. E eu quero dizer no instante exato – não um minuto mais tarde, nem trinta segundos mais tarde ou "Eu só vou me enrolar aqui em meu cobertor quentinho mais um pouquinho" mais tarde. Você tem de escrever na mesma hora. Se não escrever, garanto que o sonho desaparecerá.

Então, no segundo exato em que você acordar, no meio da noite ou de manhã, sente-se, acenda sua luz e escreva a data e os detalhes de seu sonho em seu Diário. Você pode fazer isso na forma de anotação se preferir, desde que faça de imediato. Quando tiver terminado, pode voltar a dormir.⁹ Do jeito que você dorme, provavelmente só será capaz de ter um ou dois sonhos por noite. Mas está bem assim. Eu percebi que quando você tiver pegado a manha, começará a captar os sonhos realmente importantes. Aqueles que escaparem não serão significativos.

Tudo isso é muito simples, mas no começo não será tão fácil. Se você acordar e não se lembrar de nada, faça a si mesmo as perguntas:

Qual foi a cor de meu sonho?
Qual foi a sensação de meu sonho?
Qual foi a forma de meu sonho?
Qual foi o tema de meu sonho?

Às vezes essas perguntas já são suficientes para trazer o sonho de volta. Voltar à posição de sono em que você acordou ajuda bastante, também.

No primeiro mês, é tudo o que você precisa fazer – só captar o seu sonho e escrevê-lo. Se você fizer isso todas as noites sem falhar, vai descobrir que fica cada vez mais fácil se lembrar de seus sonhos. No fim, você treinará para não precisar mais fazer anotações para se lembrar dos sonhos – conseguirá dizer a si mesmo para se lembrar do sonho de manhã e, de fato, você se lembrará – mais isso pode demorar muito.

---

9. A não ser que seja de manhã, é claro, quando você não pode.

Quando tiver aprendido a se lembrar e gravar seus sonhos, pode começar a trabalhar com eles. Quando tiver construído um repertório, a primeira coisa que você fará será ler o material para ver se algum deles fez previsões para o futuro. Não, eu não estou brincando. Não acontece com frequência, mas acontece de vez em quando. Sonhos podem prever o futuro de verdade. Não procure por coisas grandes e espetaculares, como meteoros colidindo com a Terra ou quedas de aviões ou guerras. Se você começar a prever tais coisas, é um profeta, não um Mago. Procure por coisas pequenas e sem importância sobre você e sua vida, coisas que você sonhou uma noite e aconteceram uma semana ou mais tarde.

Por exemplo, quando eu era um bebê Mago, mais jovem até do que você é agora, sonhei com um amigo meu comprando fogos de artifício. Ele saiu de trás do balcão segurando três fogos de artifício de um jeito muito esquisito. Duas semanas mais tarde isso aconteceu de verdade. Por que eu me dei ao trabalho de sonhar com algo tão bobo como isso duas vezes antes de acontecer? Não faço a menor ideia, mas a maior parte dos sonhos premonitórios é assim – pequenas coisas que não significam muito.

A única coisa é que um bom Mago os observa porque, muito de vez em quando, você *sonha* antes com alguma coisa importante.

Mas não se atenha a sonhos do futuro. Você pode ter alguns ou pode não ter. De qualquer modo, não é a coisa mais importante que você fará com seus sonhos. A coisa mais importante que fará é praticar um pouco da Arte de Magia do Sonho.

Esse tipo particular de Arte de Magia do Sonho foi desenvolvido por uma tribo de Magos da Malásia chamados de senoi. Se você entrasse em uma vila senoi, poderia não acreditar que sua vida era grande coisa. Sem grandes casas, sem carros bonitos, sem aparelhos de TV ou telefones celulares. Porém, quando eles foram investigados nos anos 1930, um cientista americano descobriu que essa tribo não havia entrado em nenhuma guerra há mais de 150 anos nem tinha tido nenhum crime por mais tempo ainda. Eles eram uma turma de gente feliz e a razão era a sua Arte de Magia do Sonho.

Todos os senoi praticavam a Arte de Magia do Sonho desde pequenos. Eles aprenderam a se lembrar de seus sonhos, do mesmo modo que você se lembrará mas, além disso, eles lidavam com os sonhos de um jeito muito especial. Aqui está o que um jovem Mago de sonho senoi aprendeu:

1. Nos sonhos você deve confrontar e vencer o perigo. Sempre vá em direção a ele e lute se for necessário. Isso transforma os inimigos no sonho em amigos. Reconheça que o poder de seus inimigos do sonho, na verdade, é seu poder que eles roubaram. Isso significa que quanto mais poderoso for seu inimigo, mais poderoso você é. Quando você vencer um inimigo, exija um presente para trazer de volta ao mundo desperto. Pode ser uma canção, um poema ou um jeito de fazer alguma coisa. Pode ser um segredo ou uma sugestão... qualquer coisa, de fato, que seja útil para você em sua vida diária.

Se você for atacado em um sonho por seus amigos, lembre-se de que eles não são o que parecem. Então, você pode tratá-los exatamente como qualquer outro inimigo de sonho. Só que quando acordar, deve se esforçar mais para ser legal com aqueles "amigos" que o atacaram no sonho para o espírito não estragar seu relacionamento.

2. Nos sonhos você deve sempre avançar em direção ao prazer. Caso goste de fazer o que é ruim para você na vida desperta – como comer dois potes de sorvete de chocolate de uma sentada –, então você deve se sentir livre para fazer isso em sonhos. Isso não o deixará doente nem fará de você um gordo.

3. Transforme experiências de sonhos ruins em experiências de sonhos bons. Se você se vir caindo em um sonho, tente transformar essa queda em um voo. Descubra aonde os espíritos querem que você vá. Explore. Aproveite. Observe bem qualquer coisa que você possa usar em sua vida desperta.

Não é difícil, né? Não é nada difícil. Apenas se lembre dessas três coisas da próxima vez que você se pegar sonhando e estará praticando a Arte de Magia do Sonho.

Tarefa para a Lição Vinte e Um

Comece registrando seus sonhos. Depois de ter feito o registro durante uma semana, pode seguir para sua lição final. Mas você deve continuar registrando seus sonhos e, quando descobrir que está se lembrando deles com muita facilidade, comece a aplicar os três princípios da Arte Senoi de Magia do Sonho.

Lição Vinte e Dois

Como Invocar Merlim

Você já deve ter descoberto isso sozinho nessa altura, mas existem pessoas perambulando em volta de seu castelo de Mago. Outras além de você. Espero que você tenha sido educado quando as encontrou. Espero que tenha se lembrado de seus modos. Algumas dessas pessoas internas podem ser muito úteis para você. Mas antes de entrarmos nesse assunto, quero fazer uma pergunta:

Qual o Mago mais famoso do mundo?

Você disse Harry Potter? Não seja tolo.

Não, também não sou eu, embora seja fácil para você pensar assim. É o Mago Merlim, é claro. Ou Merl, como eu costumava chamá-lo. O garoto das antigas que criou o rei Artur e fez um monte de trabalhos secretos para garantir que as coisas ficassem bem para os Cavaleiros da Távola Redonda. Ou tão bem quanto poderia ser.

O Mago Merlim fez parte do *Matter of Britain,* a coleção de histórias e técnicas de magia subjacente àquele ramo da Tradição Esotérica Ocidental à qual os Magos pertencem. Ele fez o que os Magos fazem com frequência: transformou-se em uma lenda depois de sua morte.

Eu não vou ensiná-lo como contatar o fantasma de Merlim – não aprovo isso. Mas vou ensiná-lo a segunda melhor coisa, que é como contatar a lenda de Merlim – o que a ciência moderna chama de seu "arquétipo". É a mesma sensação do que falar com seu fantasma. Você pode lhe contar os seus problemas e pedir um conselho, a intenção é essa mesmo. Aqui vai como você faz esse contato:

Encontre um lugar onde você não será incomodado, use o Relaxamento do Mago, feche os olhos e construa seu Castelo do Mago. Baixe a ponte levadiça e levante o portão. Entre no túnel.

Conte cinco gárgulas na parede do túnel à sua direita (tem uma gárgula embaixo de cada furo no teto).

Quando você chegar à quinta gárgula, pegue-a firme com as duas mãos e gire-a no sentido anti-horário. Pode estar emperrada, mas ela vai virar com um pouco de paciência e esforço. Quando a gárgula girar, você ouvirá um ruído atrás de si quando abrir uma porta secreta na parede à sua esquerda. Passe por ela para um corredor curto que leva a uma porta de madeira com dobradiças de ferro. Abra essa porta usando a tranca grande na altura do ombro.

Se seguiu essas instruções com cuidado, você se encontrará em uma câmara de pedra com apenas uma pequena mesa e duas cadeiras colocadas de cada lado dela, uma de frente para a outra. Há duas portas nessa câmara, a de madeira com detalhes em ferro pela qual você entrou e uma porta azul com pregos, trancada na parede oposta. A porta azul pode ser aberta apenas pelo outro lado: ela não pode ser aberta sem uma chave (que, com certeza, você não tem) da câmara em que você está no momento.

Sente-se na cadeira mais próxima de você e espere. Use o tempo para decidir o que você quer discutir com Merlim, quais perguntas você quer lhe fazer. E deixe-me lhe dar um pequeno conselho sobre isso. Ele não tem tempo para frivolidades, nenhum tempo. Se você começar a perguntar coisas bobas sobre qual cavalo vai ganhar a corrida, não ficarei surpreso se ele bater os pés e bufar de raiva.

Depois de um tempo, a porta azul abrirá e Merlim entrará. Você saberá que é ele porque estará usando um manto branco e carregará um cajado. Não tão alto quanto você pode ter pensado – 1,80 metro ou por aí em um bom dia, e magro. A barba mais longa que a minha e mais cabelo, todo branco, já que ele não está mais nos primeiros anos floridos de sua juventude. Olhos bonitos. Azuis. Os dois.

Fique de pé, educadamente, e espere ele se sentar na cadeira oposta à sua, depois você pode sentar de novo. Sorria misteriosamente e pergunte o que quer saber. Algumas vezes, ele dará uma resposta para que você possa ouvir o que ele diz com seus ouvidos mentais se você estiver imaginando ele conversando com você. Mas ele é perfeitamente capaz de responder a você por telepatia, então, de repente,

Lição Vinte e Dois

você se percebe pensando na resposta para a sua própria pergunta. De vez em quando, ele não conversará nem mandará pensamentos – ele tentará mostrar a você o que é necessário. Um camarada bem versátil, o velho Merl.

(Ah, não o chame de "Merl". Nunca. Ele odeia que o chamem assim.)

Não é uma boa ideia chamar Merlim mais do que uma vez por semana, menos, se possível. Ele não gosta de ser chamado e se o chamar com muita frequência, ele simplesmente não virá, o que é algo bem irritante se você precisar mesmo dele. Tenha em mente que você está lhe pedindo conselhos. Se pedir que ele faça algo por você, ele não fará. Ele acredita que você deve se acostumar a fazer magia sozinho. Eu também creio nisso.

Quando sua sessão de perguntas e respostas tiver acabado, Merlim sairá pela porta azul e a trancará atrás dele. Não tente segui-lo – você só fará papel de bobo.

Quando tiver feito contato com Merlim na câmara secreta de seu castelo do Mago, você pode usar um atalho em emergências, *apenas em emergências*. O atalho é fechar os olhos e visualizar claramente a si mesmo na sala secreta de encontros. Você não precisa visualizar o castelo para chegar lá.

Tarefa para a Lição Vinte e Dois

Invoque Merlim em seu castelo exatamente como acabei de ensinar, mas na primeira vez não faça perguntas – apenas se apresente e diga-lhe que você espera que ele seja capaz de aconselhá-lo no futuro. Se você for educado, ele o aconselhará.

Ele pode até aconselhá-lo na Aventura do Mago.

A Aventura do Mago

Você quer participar da Fraternidade dos Magos? Quer um certificado que o nomeie como um Mago Autorizado? Quer saber o Código Secreto dos Magos e ter uma cópia do Ritual Especial de Dedicação usado para abençoar suas Ferramentas de Mago?

Bem, você não pode. Não até ter completado a Aventura do Mago. Não tem outro jeito mesmo.

Felizmente, você vai se divertir. A Aventura do Mago é uma prova enfeitiçada com perspicácia para parecer um jogo. Você gosta de jogos, não gosta? Bem, você nem vai notar a diferença. A Aventura do Mago funciona como um jogo do início ao fim. E é divertida, divertida, vou te contar. Até ela o matar, é claro. Aí não é nada divertido. Se você se enrolar todo, pode usar suas habilidades de Mago para ressuscitar e começar de novo.

Se – e apenas se – você completar a Aventura do Mago, descobrirá como se juntar à Fraternidade dos Magos. Isso é divertido também. E importante, se você encara com seriedade de verdade tornar-se um Mago experiente.

Você tem coragem de tentar a Aventura do Mago? Para ser mais exato, você tem conhecimento e talento? Você não a completará a não ser que tenha estudado todas as lições deste livro. Sem pular e tentar a aventura sem fazer o trabalho. Ah, sim, eu sei o que se passa em sua cabecinha esperta. Mas trapacear não o levará a nada. Primeiro estude as lições. Depois tente a aventura.

Veja a seguir como funciona a aventura.

Como começar

Para começar, você precisará de uma caneta e um papel, dois dados de seis faces comuns e sua arma secreta.

Provavelmente, você já tem a caneta e o papel, pode pegar emprestado os dados de seu tabuleiro de jogos, mas terá de confeccionar sua arma secreta. É um pêndulo e esta é a primeira vez em 700 anos que eu permiti pêndulos na Aventura do Mago. Então, considere-se com sorte.

Agora, como se faz um pêndulo? Tudo de que você precisa é um pequeno peso e um pedaço de linha. Contas de metal funcionam bem para o peso, já que elas têm um furo que as atravessam. Madeira funciona bem, também, e fica bonita se você a polir.

Não use nada pesado demais. Mais de 28 gramas e a coisa toda fica fora de controle. Em geral, 14 gramas são mais que o suficiente. Ou menos ainda. Balance o peso um pouco e veja o que é mais adequado para você. Não use materiais sintéticos como *nylon* ou plásticos – você sabe como eu os odeio.

Evite usar um fio torcido. Ele pode fazer seu pêndulo começar a girar e distorcer o balanço. Essa regra deixa de fora a maior parte das linhas de algodão que você encontrará na caixa de costura de sua mãe. O fio de *nylon*, que é mais forte, em geral é um filamento único sem nenhuma torção – principalmente se você tiver a sorte de encontrar um pedaço de linha de pesca. Sim, sei que acabei de dizer que odiava *nylon*, mas aquilo era para o *peso*. Eu suporto o *nylon* para a linha.

Quando você fizer seu pêndulo, use um bom pedaço comprido de linha – e irá descobrir por que em um minuto.

É assim que se faz um pêndulo, mas por que você iria querer fazer um? Eu fico feliz por você ter me perguntado isso. Você vai querer porque *um pêndulo pode acessar seus poderes especiais de Mago*. Veja, em seguida, como usá-lo:

Escreva a palavra SIM em um pedaço de papel e a palavra NÃO em outro pedaço. Coloque o pedaço do SIM na ponta de uma mesa e o pedaço do NÃO na outra ponta. Agora segure a ponta do fio de seu pêndulo com sua mão direita (ou esquerda, se você for canhoto) e deixe o peso cair reto. Use a outra mão para estabilizá-lo de forma que o pêndulo fique bem parado. Leve-o com muito cuidado sobre o papel com o SIM escrito e espere até qualquer pequeno balanço começar de novo.

Agora diga em voz alta para seu pêndulo: Qual é seu balanço para Sim?

Admito que você se sentirá um idiota falando com um peso amarrado em um pedaço de linha, mas perceberá que vale a pena. Apenas faça a pergunta: "Qual é seu balanço para Sim?" e espere.

Acredite ou não no que vou dizer, depois de um minuto ou dois seu pêndulo começará a se movimentar, no começo devagar, depois mais rápido. Ele fará um ou dois movimentos. Ou ele balançará para a frente e para trás, assim:

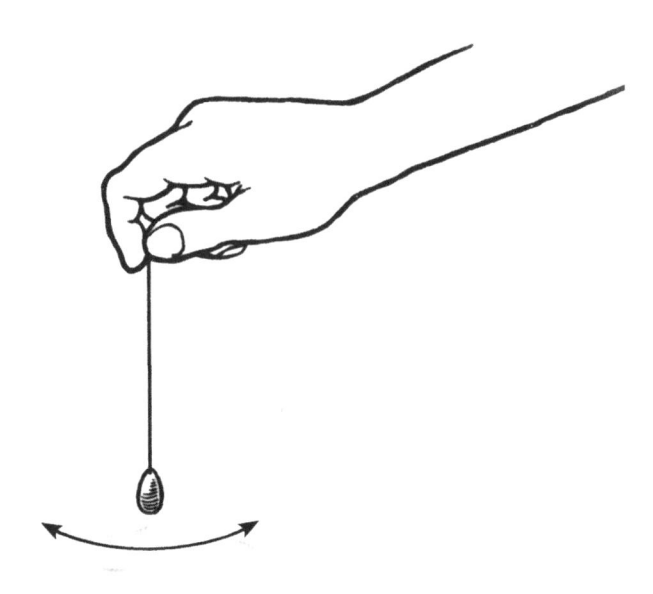

ou ele girará fazendo um círculo, assim:

Observe o que ele fará porque será o movimento de seu pêndulo para o Sim. Quando você tiver o balanço para o Sim, estabilize o pêndulo, depois diga em voz alta: "Qual é seu balanço para o Não?" Ele também lhe mostrará.

Se você tiver dificuldade para fazer com que o pêndulo faça qualquer coisa, tente encurtar ou aumentar o tamanho do fio. É por isso que eu lhe disse para usar um fio longo. Experimente com comprimentos diferentes até encontrar o que se ajusta a você, o que convencerá o pêndulo a trabalhar para você.

Quando tiver encontrado os balanços para Sim e Não, brinque com seu pêndulo por um tempo. Faça a ele perguntas simples com respostas Sim/Não. Você precisa ter certeza de já saber as respostas, então devem ser questões do tipo: "Eu tenho um cachorro de estimação chamado Fido?" ou "Meu peixinho dourado está querendo me estrangular?" Segure o pêndulo firme, descanse seu cotovelo na mesa e espere.

Você descobrirá que ele dá a você respostas precisas Sim/Não para essas perguntas.

Mesmo a essa altura, seu pêndulo é um instrumento útil. Mas depois de pegar prática no seu uso, você pode ir mais longe ainda. Pode, por exemplo, perguntar a sua idade a ele e contar o número de balanços. Ou você pode escrever as letras de um alfabeto em pedaços de papel e arrumá-las em um círculo, depois segurar o pêndulo no meio e ver se você consegue convencê-lo a soletrar respostas às suas perguntas. Só que esse é um trabalho avançado de pêndulo, então não precisa se preocupar se não conseguir executá-lo de cara – você ainda será capaz de completar a Aventura do Mago sem isso.

Como Jogar a Aventura

A Aventura do Mago é uma história empolgante em forma de ação em que você é o herói. Porém, você não a lê como uma história começando na primeira página e indo até a última. Você não pode porque não fará nenhum sentido assim.

Você precisa *se envolver*. Tomar decisões. Tem que lutar. Precisa vencer monstros. Tem que praticar magia. Precisa usar seu pêndulo confiável. Terá que jogar os dados.

Você *consegue* fazer tudo isso, não consegue?

Toda a aventura foi preparada em regiões. Você começa lendo a primeira parte. Porém, em vez de ir à segunda do jeito que você faria em uma história comum, descobrirá que precisa fazer uma escolha para chegar ao fim da primeira parte.

Essa escolha o levará a uma, duas ou três regiões diferentes da aventura. Você terá de fazer escolhas lá, também, que o levarão a algum outro lugar. Então, em vez de ler a aventura do jeito que leria um romance, você salta por ela como um cortador de grama, ficando mais empolgado a cada minuto.

Não, ela *não* é complicada. Não é nada complicada. Depois de começar, você logo vai pegar as manhas dela. Só pare de ser tão pessimista.

Em um minuto você pode começar sua aventura. Mas antes disso, você tem de aprender como lutar.

Não, abaixe os punhos, seu pequeno Aprendiz de Mago mal-humorado. Na Aventura do Mago, você luta usando dados.

Leia o Sistema de Lutas da Aventura do Mago para saber como.

O Sistema de Lutas da Aventura do Mago

Enquanto canta todo feliz pela Aventura do Mago, você encontrará sua medida justa de monstros míticos – dragões, manticoras, dragões alados, esse tipo de coisas. Pode passar a perna em alguns deles sendo esperto. Você pode vencer outros usando magia. Mas alguns deles você terá que enfrentar até a morte.

Veja a seguir como se faz isso:

Pontos de Vida

Primeiro, bem no início da Aventura, você precisa determinar seus Pontos de Vida. Você faz isso pegando seus dois dados e jogando-os juntos três vezes. Some os totais que você conseguir quando os jogar.

Você acabará com um total entre 6 e 36. (Eu sei disso porque sou um Mago.)

Anote o total porque ele pode representar o início de seus Pontos de Vida.

Agora eu sou um homem justo e quero lhe dar a melhor chance possível de se juntar à Fraternidade dos Magos, então, você pode repetir o processo mais duas vezes. Anote o total final cada vez, depois *pegue o melhor resultado dos três.*

O melhor de três será seus Pontos de Vida Iniciais.

Pontos de Vida de Monstros

Sempre que você encontrar um monstro na Aventura do Mago, os Pontos de Vida do monstro serão dados da seguinte forma:

"Agachado atrás da pedra tem uma ave monstruosa de duas cabeças cravada de rabiscos (P.V. 17) que o observa com ferocidade..."

O *"P.V. 17"* em parênteses depois do nome do monstro significa que ele tem 17 pontos de vida.

Lutando contra os Monstros

Se você decidir lutar contra um monstro – ou o porqueira ataca e, portanto, você não tem escolha –, primeiro jogue só um dado para o monstro, depois um só dado para você. Quem conseguir o ponto mais alto dá o primeiro golpe. (Se os dois tirarem os mesmos pontos, jogue os dados de novo. E de novo, e de novo, se for necessário.)

Quando você descobrir quem dá o primeiro golpe, pode começar a luta em si.

Vamos supor que você teve sorte e é quem dá o primeiro golpe. Jogue um dado e subtraia o resultado que conseguir dos Pontos de Vida do monstro.

Se isso levar os Pontos de Vida do monstro a zero (ou menos!), então o monstro está morto e você pode continuar a aventura.

Se não chegar a zero, então o monstro tem de bater de volta em você. Jogue um dado para o monstro e subtraia o total dos seus Pontos de Vida.

Se isso levar seus Pontos de Vida a zero ou menos, então você está morto e tem que voltar para a temida Área 13. Se não chegar a zero, então a luta continua até chegar a um resultado de um jeito ou de outro.

Recuperando os Pontos de Vida

Quando seus pontos caem abaixo de seus Pontos de Vida iniciais por lutar contra monstros, ser pego em armadilhas ou cair de penhascos ou o que for – ou seja, quando você estiver ferido mas não morto –, você recuperará um Ponto de Vida para cada nova parte que visitar.

Este é um jeito muito lento de ter de volta seus Pontos de Vida e se, por acaso, você encontrar outro monstro antes de ficar com sua força total, suas chances de sobrevivência podem ser pequenas. Acontece que, por sorte, existem Poções de Cura e outros itens interessantes espalhados por toda a Aventura do Mago que permitirão que você recupere seus Pontos de Vida muito mais rápido.

Você descobrirá a respeito enquanto segue em frente. Eu só preciso lhe dizer agora é que nem visitar novas regiões, nem pegar Poções de Cura podem levar seus Pontos de Vida a um valor maior do que eles tinham no início. Mas se existirem pontos sobrando quando você toma uma Poção de Cura, poderá estocá-los para mais tarde (contudo, você não pode salvar pontos de regiões visitadas).

Dinheiro

Provavelmente você precisará de dinheiro em sua Aventura de Mago. Eles não aceitam reais onde você vai. Também não aceitam cartões de crédito. É ouro ou prata, ou nada.

Não entre em pânico. Eu lhe *darei* um pouco de ouro para você começar. Jogue seus dois dados e anote o total. Este será o número de moedas de ouro com que você começará. Uma moeda de ouro vale 10 moedas de prata. (Uma de prata vale 10 cobres, mas você não consegue muita coisa com uma moeda de cobre nos dias de hoje.) Faça uma anotação cuidadosa da quantia que você possa adquirir/ganhar/encontrar/roubar durante sua aventura. Ela pode ser útil para comprar coisas ou (às vezes) subornar.

Absolutamente Tudo Pode Acontecer

De vez em quando, durante sua aventura, você pode querer tentar fazer algo esquisito ou espetacular. Para descobrir o resultado, use o Absolutamente Tudo pode Acontecer. Jogue os dois dados.

- Resultado 2: você não conseguiu fazer o que tentou e morreu tentando.
- Resultado 3, 4 ou 5: você não conseguiu fazer o que tentou e não pode tentar de novo.
- Resultado 6, 7, 8 ou 9: você não conseguiu fazer o que tentou, mas pode tentar só mais uma vez.
- Resultado 10, 11 ou 12: você conseguiu.

Eu acho que é isso. Se tiver mais alguma coisa, espero que você aprenda enquanto segue adiante. Então, sorria misteriosamente e vire a página.

Divirta-se em sua aventura e boa sorte.

Talvez eu o veja na Fraternidade dos Magos.

Busca pela Fraternidade dos Magos

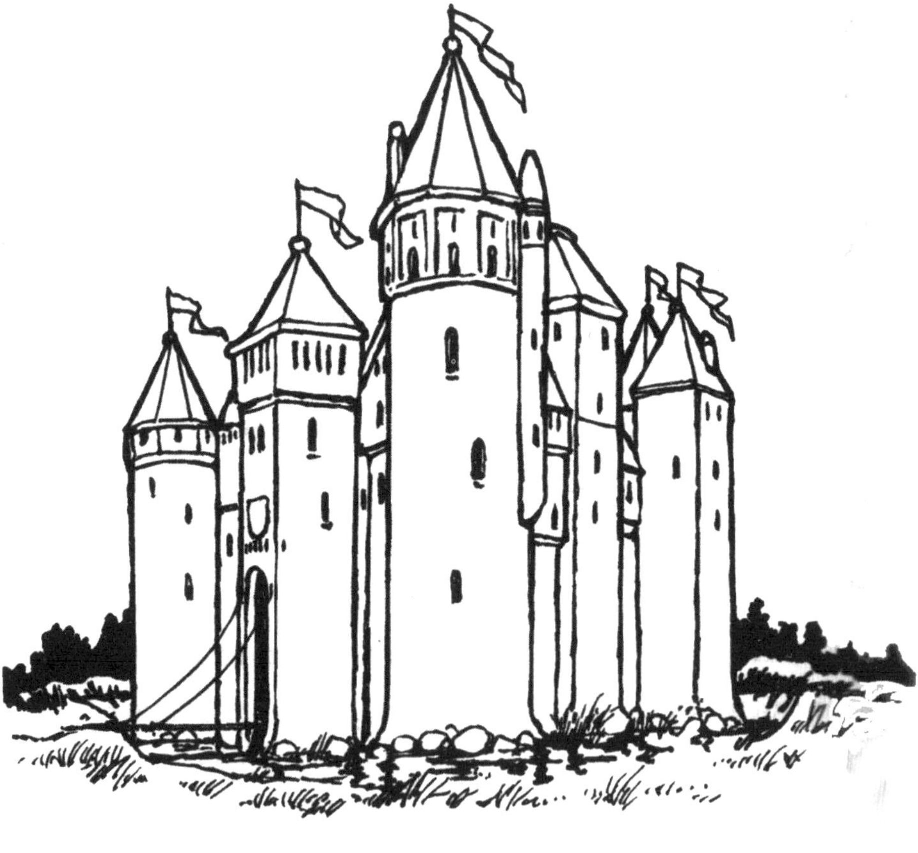

Certo, estou lançando um feitiço em você.

Você pode resistir se quiser. Pode simplesmente fechar este livro e esquecer tudo. Mas se quiser fazer parte da Fraternidade dos Magos – até mesmo se quiser só encontrar a Fraternidade dos Magos – você continuará lendo e vai deixar meu feitiço trabalhar em sua imaginação.

Eu estou levando você para um mundo diferente. Um mundo com muito mais Arte de Magia do que o mundo em que vive agora. Um mundo de um passado distante em um lugar longínquo.

Não se preocupe, eu estou levando você a um lugar muito seguro nesse mundo antigo: o Centro de Visitantes, onde você pode comprar um mapa, equipar-se com armas, vestir uma armadura, encontrar um novo livro de feitiços e pedir informações para a Fraternidade dos Magos. Não será tão difícil assim se você simplesmente...

Espere aí – tem algo errado! Alguma coisa está interferindo no meu feitiço! Você está fugindo de mim. Você está sumindo para dentro da escuridão. Eu não consigo segurar você. Eu não consigo...

Área 1

Você está deitado em uma pedra gelada e úmida. Você ouve água pingando na escuridão à sua volta. Tem uma dor em seu ombro e uma rigidez em suas pernas quando você tenta se levantar. Mesmo na escuridão, sua roupa parece estranha – mais dura do que você estava acostumado... e muito mais malcheirosa.

À medida que seus olhos se ajustam ao escuro, você consegue ver que está em uma caverna sombria que sussurra e ecoa aos seus menores movimentos. Ao norte você consegue ver uma leve luz fraca. Atrás de você, ao sul, uma fenda na pedra leva para um corredor escuro que se inclina para baixo, para as entranhas da Terra.

*Bem, aqui está um belo apuro. Mas não adianta reclamar. A questão é decidir o que você quer fazer a respeito. Você pode seguir aquela luz fraca em **81**. Ou espremer-se pela fenda para o corredor escuro em **160**. Ou explorar um pouco melhor por toda a caverna antes de decidir em **53**.*

Você pode usar seu pêndulo para ajudá-lo a decidir ou trabalhar com lógica, o que você preferir.

Área 2

Ela olha para você por um momento, depois funga. "Eu não posso dizer que estou impressionada com isso", ela diz. "Nem um pouco impressionada. Você está impressionado, Harold?"

O gato balança a cabeça. "Nadinha impressionado", ele diz.

Você espera por um momento, depois pergunta: "Isso significa que vocês não me dirão como chegar à Fraternidade dos Magos?"

Ela funga de novo. "É exatamente o que isso significa. Eu sugiro a você que faça uma pequena revisão em suas lições de Arte da Magia antes de voltar aqui de novo. Enquanto isso, Harold e eu acreditamos que você deve voltar para **48** e procurar outro destino, já que não tem nada para você aqui."

*Você ouviu a senhora. Vá para a área **48**.*

Área 3

Parece um posto de guarda. É uma torre raquítica de madeira com uma plataforma de vigilância no topo, alta o suficiente para cuidar da proteção da vila e, por alguma distância, do campo ao redor. Ninguém irá se esgueirar enganando esses caras, pelo que se pode ver.

"Ei, você – fora daqui!", grita uma voz acima de você. "Se você não sumir agora mesmo, vou descer aí e te expulsar."

Que guarda mal-educado. Mas, de novo, se ele tivesse educação, ele provavelmente seria um maître; e se tivesse o dobro de cérebro, ele seria um burro. Mas o que você vai fazer? Você pode sair, de volta para **48**, *e escolher um outro lugar para explorar, o que seria a escolha mais sensata; mas se não está se sentindo sensato, você pode esperar pacientemente que o guarda desça e tente expulsá-lo na* **69**.

Área 4

"Sem problemas aqui", você diz. "Moleza. Todo mundo sabe que Vênus é o segundo planeta a partir do Sol, quente o suficiente para derreter chumbo na superfície, às vezes chamado de Estrela da Manhã, outras vezes de Estrela Vespertina, embora não seja uma estrela. Sim, é Vênus. Definitivamente, Vênus. Ponto final."

Momento em que a Esfinge o espanca até virar uma pasta, rasga-o em pedaços, corta sua cabeça, pisa nos pedaços que sobraram e manda você para a **13**.

Área 5

Por misericórdia a passagem se alarga quando você sai de sua entrada estreita. Infelizmente, contudo, aqui está muito mais escuro do que na caverna. E enquanto você se movimenta com cuidado para frente, ela fica mais escura ainda até você não conseguir mais ver para onde vai.

Você tateia seu caminho, uma mão na pedra áspera da parede à sua esquerda, perguntando-se se você conseguirá sair um dia dessa encrenca. Depois, a passagem vira abruptamente para a direita e, de repente, você vê um brilho verde sombrio à frente. No início você pensa que pode ser um caminho para fora dessa passagem, mas quando chega mais perto, você vê que é, na verdade, uma escrita luminosa rabiscada na parede de pedra por algum Mago há muito tempo morto, que passou por esse caminho antes.

Até mesmo o brilho pálido da escrita lhe permite espreitar um pouco mais adiante, quando seus olhos se ajustam e você vê, para seu horror, que a passagem se divide em três direções. Acima da entrada da primeira delas o símbolo ♐ foi entalhado na pedra. Acima da segunda está o símbolo ♑, enquanto o símbolo ♉ aparece acima da terceira entrada.

Está tudo muito bem, mas qual entrada você deveria escolher? Desesperadamente, você volta para a escrita do Mago para orientação. A mensagem rabiscada é:

A estrada verde pode lhe trazer riqueza... ou morte
A estrada negra é morte certa.
Apenas a roxa o levará aonde você deseja ir.
Mas isso de nada adianta para ninguém. A não ser que eles conheçam a Arte da Magia, é claro.

A passagem com o símbolo ♐ leva ao **96**.

Aquela com ♑ o levará ao **41**.

Pegue a ♉ e você acabará na **20**.

Área 6

Esse lugar tem localização – fica no centro da vila – mas muito pouco além disso. É um chalé branco, miserável, com um telhado de palha – o que soa pitoresco, mas nesse caso, definitivamente, não é. As paredes estão sujas e desmoronando, o telhado parece ter sido visitado por pássaros e vespas, uma janela está quebrada e existe uma espécie de esgoto a céu aberto em volta de todo o lugar, como um fosso. O cheiro é absolutamente horrível e a maior parte dele nem vem do esgoto, mas de uma velha bruxa enrugada com um chapéu pontudo ou, possivelmente, do caldeirão negro que ela está mexendo com uma vassoura sobre um fogo fraco do lado de fora da porta da frente.

A velha bruxa olha para cima e dá uma risadinha sem dentes para você. "Quer entrar e comer um bocadinho comigo?", ela pergunta, indicando em direção ao caldeirão. "Eu sempre gostei de ter uma pessoa jovem bonita e tenra para o almoço."

Esta velha é de verdade? E sendo mais exato, você é louco o suficiente para se juntar a ela para (ou possivelmente se tornar) o almoço em **170***? Nada o impede de sair de fininho nas pontas dos pés de volta à parte* **48** *para escolher outro destino, o que seria uma ideia muito boa em minha opinião, mas o que eu sei?*

Área 7

O Sacerdote ergue uma mão para o céu. "Repita depois de mim...", ele diz. "Pronto?"

"Pronto", você repete.

"Você não tem que repetir isso – eu só estava perguntando se você está pronto. Agora repita depois de mim – está bem?"

"Está bem", você repete.

"Você está me imitando?", ele pergunta.

"Você está me imitando?", você repete.

"Olhe, vamos começar de novo", o Sacerdote sugere, irritado.

"Olhe, vamos começar de novo", você repete.

"Está bem! Está bem! Já basta. Que eu seja amaldiçoado com pés inflamados e um cérebro explodindo se eu sou um Mago aprendiz!"

"Está bem! Está bem! Já basta. Murmure, resmungue, fale abobrinhas, de cabeça baixa, resmungue bla-bla-blá Mago Aprendiz", você repete.

Mas esse tanto de Arte de Magia improvisada funciona de verdade? Jogue um dado. Se o resultado for 6, seus pés pegam fogo, seu cérebro explode e seu cadáver extremamente sujo é transportado instantaneamente para **13***. Tire 5 e o cérebro do Sacerdote explode, mandando-o de volta para* **48***. Tire qualquer outro número e você pode avançar com cuidado até o* **21***.*

Área 8

"Nenhum problema lá", você diz. "Moleza. Todo mundo sabe que é Mercúrio, o planeta mais próximo do Sol, escaldante de um lado, congelante do outro, o menor, cheio de crateras, meio que uma bagunça na verdade. Sim. É Mercúrio. Definitivamente, Mercúrio. Resposta final."

*Nessa altura a Esfinge espanca-o até você virar uma massa disforme, parte você em pedacinhos, corta sua cabeça, pisa firme sobre os pedaços que sobraram e manda você de volta para o **13**.*

Área 9

Ele olha para você com satisfação. "Isto é maravilhoso", ele diz. "Você está absolutamente certo. Não poderia estar mais certo se você fosse ambidestro. Agora, aqui está o que lhe prometi." Com isso ele tira um pedaço de pergaminho de um bolso de seu manto e estende-o para você com um sorriso radiante. "Simplesmente traduza isso e siga as instruções", ele diz. "Logo você será um membro."

Você olha para o pergaminho perplexo:

Área 10

Bem, é um lugar bem agradável – vestiários, bar, chuveiros, tudo novo –, mas você pode ver pela janela que os campos parecem mais com campos arados e os aldeões parecem jogar com pás e forcados em vez de tacos.

Já que, claramente, este não é o lugar para um jogo sério, você anda para dentro do bar e pede uma bebida dupla de salsaparrilha em um copo sujo, depois engata uma conversa com o camponês mais próximo.

"Diga-me, bom camponês", você começa, "por que este estabelecimento se chama *Golfe do Mago*?"

"Porque é um lugar para Magos jogarem golfe, jovem mestre", ele responde.

"Suponho que você não saiba onde é a Fraternidade dos Magos?", você pergunta.

O camponês gira os olhos alarmados e replica: "Eu pareço alguém que saiba onde possa ficar a Fraternidade dos Magos?"

*Faz sentido o que ele disse. Talvez você deva simplesmente voltar para **48** e escolher outro rumo. Mas, de novo, você nunca pode ter certeza com esses tipos rurais – eles são especialistas em esconder informação. Se você tem algum dinheiro sobrando, pode tentar suborná-lo em **163**. Se você não tem, supostamente pode sempre tentar tirar a informação dele na pancada em **125**.*

Área 11

Esse lugar é claramente assustador. O lado de dentro está mais arruinado ainda do que parece de fora. E aquelas luzes que você viu parecem esvoaçar de um lugar para o outro de modo que você nunca as alcança de verdade.

Há ruídos, também. Nada alto, o que, para ser honesto, aumenta o problema. Sons de rastejar. Sussurros. Rangidos baixos. Aquela tradicional gargalhada cavernosa.

*Gargalhada cavernosa? O que é isso – algum tipo de história de fantasmas? Olhe, vou te dar apenas mais uma chance de sair daqui inteiro. Apenas sorria misteriosamente e saia de fininho para a **48** onde você com certeza pode encontrar algum lugar que não cause medo a nós dois. Porém, se você insiste em avançar na exploração desse lugar – e arriscar-se a encontrar quem dá a risada cavernosa – você pode fazer isso em **164**.*

Área 12

O Senhorio o senta em uma mesa próxima à janela e lhe serve canja de galinha, seguida por galinha e arroz, seguidos de arroz e chouriço. Depois ele serve um refrigerante, e depois disso ele o carrega (cantando algo) por um lance de escadas estreito para um quarto com um teto baixo e uma cama de quatro colunas em que você se joga e desmaia.

Você acorda na manhã seguinte com uma dor no estômago e uma dor de cabeça.

*Isso foi uma verdadeira perda de tempo e não equívoco. Componha--se, depois se arraste para **48** para escolher outro destino.*

Área 13

Bem, então é isso. Outra bela complicação em que você se meteu. Você está morto. Foi derrotado. Como um dinossauro. Como um prego de caixão. Se você não fosse um Mago, sua única opção seria deitar, cruzar os braços em seu peito e esquecer a Fraternidade dos Magos (junto com tudo mais em sua vida).

*Mas, felizmente, você é um Mago (mais ou menos), então pode jogar um novo conjunto de Pontos Iniciais de Vida e começar tudo de novo. Isso não é divertido? Vá para **1**.*

Área 14

"Errado!", ruge o personagem poderoso diante de você. "Agora você *deve* aceitar o meu conselho, pois esta é a lei da Arte da Magia!" Dizendo isso, ele balança uma mão imensa e você é atingido e gira em um turbilhão de inimigos mágicos. Por um momento, você se sente voando pelas estrelas e galáxias de um espaço profundo antes de passar dolorosamente através de uma multiplicidade de dimensões para voltar para uma área familiar.

*Para ser mais exato, a **48**, onde você pode selecionar uma direção nova ou retraçar seus passos e tentar uma resposta mais sensata.*

Área 15

"Sem problemas lá", você diz. "Moleza. Todos sabem que é Saturno, o sexto planeta a partir do Sol, que tem anéis à sua volta. Cor negativa preta, metal chumbo, uma das ervas é confrei. Sim, é Saturno. Definitivamente, Saturno. Resposta final."

*Momento em que a Esfinge o espanca até você virar uma massa disforme, rasga você em pedaços, corta sua cabeça, pisa nos pedaços que sobraram e o manda para a **13**.*

Área 16

Você aperta o símbolo curioso na parede e, de repente, ouve um rangido atrás do altar. Você investiga e encontra uma armadilha que abriu no chão da igreja, revelando um lance de degraus de pedras desgastadas descendo para a escuridão.

    Você hesita por um momento antes de perceber uma tocha e um isqueiro em um nicho na parede junto ao primeiro degrau. Demora um pouco até entender o funcionamento do isqueiro, mas como um Aprendiz de Feiticeiro jovem e brilhante que é, por fim, você consegue e a tocha acende.

Você entra na passagem secreta com cuidado onde é ferozmente atacado por um escorpião gigante que, num piscar de olhos, o ferroa e mata.

E agora? Volte para 13.

Área 17

O ferreiro coça sua cabeça distraído com um ferro em brasa. "Eu não lido muito com esse tipo de coisas", ele resmunga enquanto o cheiro de queimado enche o ar. "Mas tem um Mago que mora no nº 58 – talvez ele possa lhe dizer. Caso isso não dê certo, tem uma velha no nº 6. Eu sempre pensei que ela fosse uma feiticeira. Isso é um tipo de Mago mulher, não é? Vou lhe dizer – se você levar essa Varinha de Fogo que consertei para o Mago, ele pode se sentir disposto a ajudá-lo."

A escolha é sua, como sempre. Você pode entregar a varinha para o Mago na 58 ou arriscar-se com a velha que pode ou não ser uma feiticeira na 6. Ou você pode ignorar todos os conselhos e voltar para 48 para encontrar outro destino.

Área 18

"Sem problemas lá", você diz. "Moleza mesmo. Todo mundo sabe que é a Lua, não um planeta de verdade, a não ser por conveniências de magia. O único satélite natural da Terra. Neil Armstrong foi o primeiro a ir até ela. Ela fica eclipsada com bastante frequência. Enche e míngua 13 vezes por ano. Sim, é a Lua. Definitivamente, a Lua. Resposta final."

*Ponto em que a Esfinge o espanca até você virar uma massa disforme, estraçalha você em pedaços, arranca sua cabeça, pisa nos pedaços que sobraram e manda você para **13**.*

Área 19

Você ouve um rangido quando o sarcófago se mexe meio centímetro, depois para. Você aguarda esperançoso e, depois de uma pausa breve, o barulho recomeça e o sarcófago mexe para o lado, revelando um lance curto de degraus para uma passagem.

"Aqui está", diz o Demônio, olhando-o deliciado. "Seus últimos passos para a Fraternidade dos Magos." Ele balança uma mão enluvada e a passagem se ilumina com luz astral. "É só seguir em frente até encontrar a porta da Fraternidade. O Guardião da Porta lhe fará seus testes finais."

*O negócio é empolgante! Não perca tempo, você está quase lá. Siga a passagem para **112**.*

Área 20

Uau, você teve boa sorte aqui. Depois de uma curta distância, a passagem se abre para uma caverna espetacular iluminada por tochas flamejantes enfiadas em castiçais presos às paredes ao redor. No centro do piso está uma arca do tesouro brilhante com tiras de cobre que parece recheada de tesouros. É mesmo uma boa notícia.

A má notícia é que a arca é guardada por um leão alado (P.V. 25), que ganha um ponto extra em cada jogada de dados para danos em que o resultado é contra você pelo simples fato de ter acabado de afiar suas garras.

Você não precisa fazer isso. Você pode voltar todo o percurso para **5**, *rangendo os dentes todo nervoso. Mas se você quiser descobrir o que está na arca do tesouro e se tem outro caminho para fora daqui, terá de lutar contra o leão. Se conseguir matá-lo, vá para o* **113**. *Se ele matar você, derrube o primeiro 1 e vá para o* **13**.

Área 21

O Sacerdote se inclina para frente e examina sua cabeça com cautela. Depois ele olha para baixo e olha seus pés. "Sem muito resultado", ele diz. "É melhor você entrar."

Você o segue para dentro da igreja, iluminada com bom gosto usando velas acesas.

"Agora", diz o Sacerdote, "o que eu posso fazer por você?"

"Eu estava pensando onde encontrar o cam... camin... o caminho para o Carnegie Hall!"

"Você quer ir ao Carnegie Hall?", pergunta o Sacerdote. "Bem, pratique!", ele ruge com uma gargalhada e bate na própria coxa. "Praticar – esta é uma das boas! Como chegar ao... humph! Bem, se você deseja mesmo chegar ao Carnegie Hall, tem um túnel secreto embaixo da igreja. Aperte a imagem do leão na parede lá adiante e ela se abrirá para você."

Com isso, ele se afasta com arrogância, deixando-o sozinho na igreja.

Você vai para a parede apontada por ele, mas não há imagem de leão visível. A única coisa que você pode ver são os três símbolos a seguir:

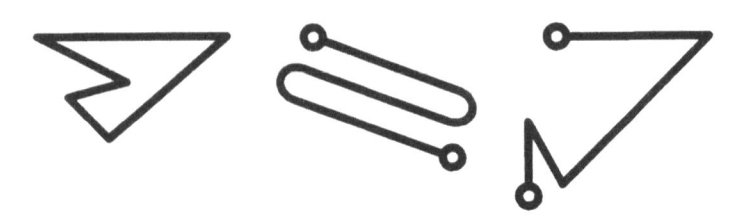

*Complicado, não é? Talvez ele estivesse pregando uma peça em você com a história da imagem do leão. Talvez sua melhor aposta seja voltar para **48** e escolher uma direção mais sensata. Mas se deseja tentar um desses símbolos, você pode apertar o primeiro deles em **16**, o segundo em **36** e o terceiro em **54**.*

Área 22

"Errado!", ruge o personagem poderoso diante de você. "Agora você *deve* aceitar meu conselho, pois esta é a lei do Mago!"

Dizendo isso, ele levanta a mão imensa e você é atingido e gira em um turbilhão de inimigos mágicos. Por um momento, você se sente voando pelas estrelas e galáxias do espaço profundo antes de passar dolorosamente por uma multiplicidade de dimensões para voltar a uma área familiar.

*Para ser mais exato, a **48**, onde você pode escolher um novo rumo ou refazer seus passos e tentar uma resposta mais sensata.*

Área 23

Que lugar assustador. Eu não gosto nadinha da aparência dele. Primeiro, você está em um cemitério onde lápides inclinadas brotam da terra batida como dentes apodrecidos, e carvalhos atingidos por raios se erguem até o céu, onde estranhos sussurros e lamentos assustadores cortam o ar fétido no qual...

Mas você entendeu. Bem na sua frente tem uma cripta em forma de torre construída em pedra, guardada por uma avenida de gárgulas de granito que o encaram com malevolência enquanto você caminha em direção à construção.

Quando você se aproxima da cripta, consegue decifrar uma placa com nome, desbotada, ao lado do portão de ferro forjado que fecha a entrada em arco. Já bem perto você consegue ler o que está escrito. Em letras góticas adornadas, a escrita diz:

Cripta do Demônio

Do outro lado do portão, você consegue ver degraus de pedra desgastados que levam para baixo, para a escuridão. O próprio portão, contudo, está bem preso por três fechaduras, enormes, sete ferrolhos, correntes grossas e cadeados gigantescos.

É como se alguém estivesse determinado a manter as pessoas longe desse lugar pavoroso... ou manter alguma coisa dentro.

Felizmente, nem mesmo uma **Rodada de Absolutamente Tudo Pode Acontecer** *poderia levar você a atravessar esse portão sem uma tonelada de dinamite e uma serra de arco. Melhor voltar para* **48** *e encontrar um destino que não o deixará borrando as calças de medo. E rápido. Eu não tenho certeza absoluta, mas acho que uma daquelas gárgulas acabou de se mexer.*

Área 24

"Com licença", você diz, "mas cheguei à conclusão de que essa aventura é bem perigosa e estava me perguntando se você poderia me vender uma arma de algum tipo, só para autodefesa, é claro. Uma Uzi serve, ou até uns dois canhões, talvez alguma artilharia de campo, um helicóptero com metralhadora, armas nucleares – você tem armas nucleares? – ou que tal uma Magnum? Um Colt 45? Um punhal envenenado? Alguns..."

"Na sua idade?", o ferreiro interrompe. "Você está maluco?"

*Com isso ele o agarra pela nuca e o manda de volta para **48**, para escolher outro destino.*

Área 25

O homenzinho o encara por um longo momento, depois, balança a cabeça devagar. "Não tenha medo", ele diz com tristeza. Depois ele se ilumina. "Eu vou te contar. Você me parece um jovem gentil, simplesmente do tipo que será bem-vindo à Fraternidade dos Magos. Por que você não tenta de novo? Agora você sabe que o cabo da Asa do Mago não é azul, então, ele é amarelo, vermelho ou oliva, citrino, ferrugem e preto?"

*Se você achar que é amarelo, vá para **39**. Se preferir vermelho, vá para **56**. Ou se as respostas forem oliva, citrino, etc., vá para **71**.*

Área 26

Você se contorce e vira, vira e se contorce, volta e se revira, se enrola, se esquiva, volta, fica confuso, se esclarece, se arrasta um pouco e, finalmente...

*Aparece em **48**. Desculpe.*

Área 27

Você pode bem viver para se arrepender disso. Ou é possível até que morra. Você está diante de um despenhadeiro bem íngreme e agora está subindo por ele com os dedos dos pés e as pontas dos dedos das mãos, a queda parece um longo, longo caminho para baixo.

*Jogue dois dados. Totais de 2 a 9 e a face do penhasco se esfarela, lançando-o para a morte em **13**. Totais 10, 11 ou 12, vá para **66**.*

Área 28

"Ah, até que enfim, aí está você!", exclama o Boticário, dobrando sua vassoura todo convencido. "Eu pensei que você nunca chegaria até aqui. Venha por aqui."

Você o segue por um chão áspero, sem um caminho discernível, até que uma torre alta aparece no horizonte.

"É a torre?", você pergunta.

"A torre... o quê?"

"É a Fraternidade dos Magos?"

"O qu... ah sim, sim, de fato. É a Fraternidade, com certeza. Fique logo atrás de mim."

Você fica mesmo logo atrás dele, mas quando vocês chegam mais perto da torre, ela parece cada vez mais escura e ameaçadora: nada do que você imaginou que seria a Fraternidade dos Magos. "Você tem certeza de que esta é a Fraternidade?", você pergunta.

O rosto do Boticário, de repente, adquire uma expressão extremamente desagradável. "Claro que não é a Fraternidade, seu pequeno cretino! Você acreditou que chegar à Fraternidade seria tão fácil assim? Esta é a Torre Negra onde eu posso conseguir um ótimo preço por uma pessoa tenra e jovem como você." Ele pega uma Varinha de Fogo de seu bolso e aponta para sua cabeça. "Agora venha comigo e chega de bobagens, senão eu posso encher sua cabeça com fogo imaginário que com certeza o confundirá e pode até deixá-lo morto, mas ainda palatável para meus clientes na Torre."

Que revelação terrível! E pensar que você fez todo esse trajeto só para descobrir que não está indo de verdade para a Fraternidade dos Magos. Mas não adianta choramingar por isso agora. Você tem de decidir se *o seguirá tranquilamente em **124**, torcer para que se apresente uma oportunidade de escapar, siga essa opção em **153** ou lute para escapar em **99**.*

Área 29

Quando seu oponente dá seu último suspiro, ele se transforma de novo no Guarda que você encontrou inicialmente. Você fica parado ofegando por um momento antes que um odor pesado de magia encha o ar e de um estrondo começar ao seu redor.

Você olha para cima para descobrir que as paredes da toca do urso estão começando a desabar, ameaçando enterrá-lo completamente. Com uma sensação próxima ao pânico, você tenta arrastar-se para fora, escorregando e deslizando enquanto o desabamento se torna uma pequena avalanche. É possível que você consiga sair antes que toda a coisa entre em colapso?

*Claro que você pode, um jovem aprendiz ligeiro como você. Você sairá com facilidade e com tempo de sobra para testemunhar a toca do urso se encher e desaparecer completamente, para ser substituída por um lindo trecho de campo de camomila, já que a magia de sua coragem induziu a apagar o buraco da memória de todos os moradores da vila. Essa foi boa – você tem a minha admiração. Agora volte para **48** antes de isso subir à sua cabeça e encontre outro destino.*

Área 30

"Errado!", ruge o personagem poderoso diante de você. "Agora você *deve* aceitar meu conselho, pois esta é a lei do Mago!"

Dizendo isso, ele levanta a mão imensa e você é atingido na hora e girado em um turbilhão de inimigos mágicos. Por um momento, você se sente voando pelas estrelas e galáxias do espaço profundo antes de passar dolorosamente através de uma multiplicidade de dimensões para voltar a uma área familiar.

*Para ser mais exato, a **48**, onde você pode selecionar um novo rumo ou refazer seus passos e tentar uma resposta mais sensata.*

Área 31

Você a encontrou. Você a encontrou! É a Fraternidade dos Magos. Bem aqui nos limites desta vila suja. Olhe para os sinais acima da porta. Como pode ser tão sortudo? Foi fácil demais. Agora tudo o que você tem de fazer é entrar lá, descobrir como fazer sua inscrição e, antes de você poder sorrir misteriosamente, você será um Mago totalmente maduro e autorizado da...

Espere aí. Aquele sinal não diz Fraternidade dos Magos. Ele diz Golfe dos Magos. Aqui não é o quartel-general da Fraternidade – é o clube de golfe da vila!

*Que pena! Mas o que você fará agora? Se você sentir vontade de entrar, a porta está totalmente aberta e leva a **10**. Se não quiser, pode diminuir suas perdas correndo de volta para **48**, onde você pode escolher outro destino.*

Área 32

O Senhorio lhe mostra uma mesa próxima à janela onde serve para você uma refeição de canja de galinha, seguida por galinha e arroz, seguidos de pudim de arroz – obviamente o menu "aumente ao máximo os seus lucros". Mas ele é saboroso o suficiente e as porções são enormes, portanto, você não tem do que reclamar.

Quando você termina, ele aparece do seu lado e murmura algo sobre precisar da mesa agora, então você arrota alto por aprovar a comida e deixa o local sem grande alvoroço.

*Nós podíamos ficar sem aquele arroto. Mas não ligue para isso agora. Saia e vá para **48** e selecione outro destino.*

Área 33

Você se contorce e vira, vira e se contorce, volta e se revira, se enrola, se esquiva, volta, fica confuso, se esclarece, se arrasta um pouco e, finalmente...

*Aparece em **48**. Desculpe.*

Área 34

"Nenhum problema aqui", você diz. "Molezinha. Todos sabem que é Júpiter, o quinto planeta a partir do Sol, um gigante de gás imenso com um grande ponto vermelho que, provavelmente, é uma tempestade perpétua. Sim, é Júpiter. Definitivamente, Júpiter. Resposta final."

*Ponto em que a Esfinge o espanca até virar uma massa disforme, rasga você em pedaços, arranca sua cabeça, pisa nos pedaços que sobraram e manda você para **13**.*

Área 35

"Com licença", você diz, "mas cheguei à conclusão de que esta é uma aventura perigosa e estava me perguntando se você poderia me vender uma armadura para me ajudar se, por acaso, eu entrar em lutas?"

"Bem, você está certo sobre os perigos da Aventura do Mago", diz o ferreiro balançando a cabeça com sabedoria. "Um negócio muito perigoso e, se pudesse, eu lhe daria cada peça de armadura do lugar, mas uma vez que tenho uma esposa e sete ferreirinhos para sustentar, acho que o dinheiro terá de trocar de mãos. Você pode ter um peitoral de mitral que bloqueia 4 pontos de danos por 25 peças de ouro ou um peitoral de ferro que bloqueia 3 pontos de danos por 15 peças de ouro. Ou você pode ter um dos meus antigos coletes de malha que bloqueará 1 ponto de dano, desde que você não o lave. Isso lhe custará apenas 5 moedas de ouro. Eu jogarei nele de graça uma poção de cura que vale uma única rodada de Pontos de Vida com qualquer compra. Interessado?"

*Tudo se resume a dinheiro, não é mesmo? Compre o que você quiser, se tiver dinheiro, ou não compre nada se estiver quebrado. Qualquer que seja a opção, você volta para **48** para encontrar outro destino.*

Área 36

Você aperta o símbolo curioso na parede e ouve um rangido atrás do altar. Você investiga e encontra uma armadilha que se abriu no piso da igreja, revelando um lance de degraus de pedra desgastados descendo para a escuridão.

Você hesita por um momento antes de perceber uma tocha e um isqueiro em um nicho na parede ao lado do primeiro degrau. Você demora um tempo para aprender a usar o isqueiro, mas sendo um jovem Aprendiz de Mago brilhante, no fim você consegue e acende a tocha.

Você entra na passagem secreta com cuidado e é atacado ferozmente por um bode gigante que o mata na hora.

*E agora? Vá para **13**.*

Área 37

Três minutos depois de decolar, o piloto informa problemas no motor. Dois minutos depois disso, as lâminas do rotor pegam fogo. Em seguida o tanque explode, o piloto salta de paraquedas e toda a máquina se transforma em uma bola de fogo, que mergulha nas águas embaixo.

*Vermelho para perigo pela aparência dos acontecimentos. Saia dos destroços no leito do lago e se afogue bem quietinho em **13**.*

Área 38

Olha! Um poço dos desejos! Que pitoresco. Que fantástico. Ele está colocado bem no meio da praça da vila, com um telhado de palha (o poço, não a praça da vila) e virado para todo o mundo como algo que você viu em uma reprise de TV de um desses musicais divertidos da década de 1950. Exceto pelas placas, é claro. Tem uma série delas colocadas a intervalos ao longo da aproximação do poço. Elas dizem coisas como:

     PERIGO... FIQUE LONGE... PROIBIDA A ENTRADA... CUIDADO...VOLTE...

*Parece que alguém está tentando lhe dizer alguma coisa. Mas você ouvirá? Você pode ignorar os avisos em **120**. Ou pode ser inteligente e voltar para **48**, para encontrar um destino mais seguro.*

Área 39

"Certo!", exclama o Boticário. "Você está absolutamente certo – é amarelo, é claro. Amarelo, amarelo, amarelo, bem amarelo. Oh! Não posso lhe dizer como isso me deixa feliz. Outro jovem para a Fraternidade. Sangue novo, adoro sangue novo. Agora venha por aqui, por favor..."

Dizendo isso ele o leva para o quarto escuro de onde ele surgiu, uma pequena sala de estar com um pequeno aquecedor em um canto e estantes de livros em todas as paredes.

"Agora, meu caro jovem", diz o Boticário com alegria, "desconhecida pela maioria das pessoas desta vila ridícula existe uma passagem secreta saindo deste quarto que nos levará diretamente para a entrada da Fraternidade dos Magos. A abertura fica por trás dessas estantes de livros – aquelas lá. Infelizmente" – um olhar encabulado cruza seu semblante – "eu consegui perder a combinação que aciona o mecanismo. Escrevi um lembrete contra tal eventualidade, é claro – nunca fui muito bom na Arte da Memória dos Magos – mas agora não consigo me lembrar do significado do lembrete. Você pode me ajudar?"

Ele pega um livro de aparência interessante, chamado *Magia para Iniciantes,* da estante ao seu lado e o chacoalha até cair um pedaço de papel. Ele entrega o papel para você.

No papel, em uma escrita rebuscada, está esta mensagem:

A amizade de alguém que você conhece afetará isso. Você conseguirá ajuda para isto de alguém que você ainda não conhece.

"Eu já fiz algum trabalho no bilhete", ele conta a você. "Minhas anotações estão atrás."

Você vira o papel e encontra o seguinte:

> *Talvez dobrar o número de palavras, acrescentar dez e ir naquela área? Talvez desistir e ir a algum outro lugar totalmente diferente. Talvez combinar o número de letras da palavra mais longa com o número de letras da palavra mais curta e ir lá. Meu pêndulo diz que é 102, mas não consigo fazer funcionar. Talvez eu deva perguntar ao Oráculo do Mago.*

Que mente mais enrolada esse velho tem. Se você dobrar o número de palavras e acrescentar dez, o total o levará à área **50**. *Se você desistir e ir para um lugar totalmente diferente, suponho que isso signi-*

fica voltar para **48** e selecionar um novo destino. A palavra mais longa tem oito letras e a mais curta três, o que combinado daria **83**. O pêndulo dele diz **102** e pode valer a pena verificar para o caso de funcionar melhor para ele do que para você. Caso tudo isso não dê certo, talvez você deva consultar o Oráculo do Mago e ver se você pode descobrir alguns números dos significados dados.

Área 40

Em seu pânico, você tropeçou em uma ponte suspensa que nunca tinha percebido antes. Triunfante, você a atravessa correndo, movimentando em tal ritmo que você deixa até seus problemas para trás.

*Porém, provavelmente, eles o alcancem bem rápido, já que logo você se encontrará em **48**, preparando-se para escolher outro destino.*

Área 41

A passagem escurece enquanto você deixa o brilho verde sombrio, de modo que, de novo, você só consegue tatear seu caminho.

*O que você está fazendo quando mergulha em um poço sem fundo. Você ainda está caindo quando morre de fome. Vá para o **13**.*

Área 42

Você ouve um rangido distinto quando o sarcófago se abre por meio centímetro, depois para. Você aguarda esperançoso, mas nada mais acontece.

"Bem", diz o Demônio, olhando severamente para você, "parece que, no fim das contas, você não conhece o feitiço. Você se denomina um Aprendiz de Mago? Você se chama de aventureiro? Volte para 48 e não volte aqui até você saber, exatamente, quantas letras têm naquele feitiço!" Com isso, ele entra no seu sarcófago e fecha a tampa.

*É melhor aceitar o conselho do Demônio e continuar sua aventura em **48**. Quando você descobrir quantas letras têm de verdade no feitiço-contra-assédio-de-urso, você pode ir direto para **82**.*

Área 43

Você se contorce e vira, vira e se contorce, volta e se revira, se enrola, rodopia, recua, fica confuso, se esclarece, desliza um pouco e, finalmente...

*Aparece em **48**. Desculpe.*

Área 44

Não via um lugar como este desde que eu era mais jovem ainda do que você é. Quantas memórias isso me traz. O cheiro de metal fundido... o tinir do martelo na bigorna... o calor da fornalha... o odor de suor de cavalo... maravilhoso, bem maravilhoso.

Porém, já basta de recordações: você está parado na entrada da forja de um ferreiro. Contra a luz do fogo, você pode ver a silhueta do próprio ferreiro, uma figura imponente, duas vezes mais alto do que você e quase tão largo quanto. Ele usa um avental de couro e brande um martelo enorme. Parece que ele não se limita a ferrar cavalos também, pois há armas e peças de armadura nas prateleiras ao lado dele.

*E o que você vai querer fazer agora? Você pode simplesmente voltar para **48**, é claro, mas poderia ajudar perguntar-lhe se ele sabe onde encontrar a Fraternidade dos Magos, o que você pode fazer em **17**. Ou você pode tentar comprar uma arma em **24** ou talvez uma peça de armadura em **35**.*

Área 45

"Errado!", ruge a figura poderosa diante de você. "Agora você *deve* aceitar meu conselho, pois essa é a lei do Mago!"

Dizendo isso, ele levanta uma mão imensa e você é atingido e girado em um turbilhão de inimigos mágicos. Por um momento, você se sente voando pelas estrelas e galáxias do espaço profundo antes de passar dolorosamente por uma multiplicidade de dimensões para voltar a uma área familiar.

*Para ser mais exato, a **48**, onde você pode escolher um novo rumo ou refazer seus passos e tentar uma resposta mais sensata.*

Área 46

"Errado!", exclama o Mago, encarando-o com uma expressão chocada em seu rosto. "Como é possível você ter chegado tão longe quando nem sabe uma coisa simples como esta?" Ele pestaneja, depois uma expressão envergonhada cruza seu rosto. "Espere um minuto – você está certo! O equívoco tolo é meu. Você está corretíssimo. Bem, bem certo! Sabe isso tão direito como alguém sem pé esquerdo. Sim, bem, você esquece essas coisas quando chega à minha idade. Agora, pergunta seguinte e esta é muito, muito difícil. Quais desses três estão associados com Júpiter: repolho, beterraba ou alho?"

*Má sorte! Quem se lembra de coisas assim? Porém, é melhor você dar a ele uma resposta. Se você acha que é repolho, vá para **79**. Se acredita que é beterraba, vá para **109**. Se pensa que é alho, vá pra a **90**.*

Área 47

"Desculpe", diz o Boticário e, com pesar: "Temo que eles o tenham capturado."

*Deixando-o com as opções miseráveis de lutar contra os Trolls em **72** ou permitir que o cozinhem e comam, o que você pode tentar esquecer em **13**.*

Área 48

Bem, agora que você conseguiu entrar na vila, é melhor olhar ao redor. Você pode trabalhar por tentativa e erro se preferir, porém, provavelmente, é um bom lugar para você usar seu pêndulo. De qualquer jeito que você trabalhar, selecione um número no mapa e siga até lá para ver o que você encontra.

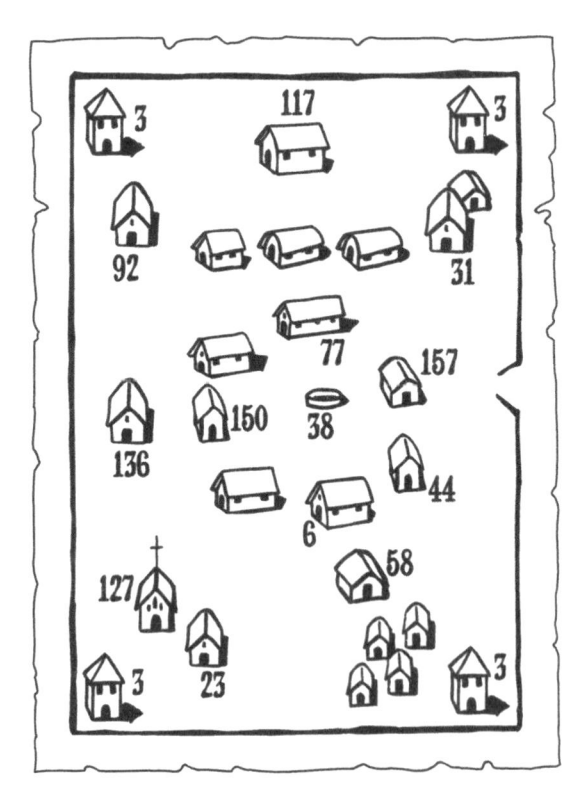

Área 49

"Você chama isso de quarto? Eu vi melhores acomodações em uma gaiola de coelho", você informa ao Senhorio, dando-lhe um tapa no nariz.

"Você se arrependerá de ter feito isso", ele lhe diz.

E, de fato, talvez se arrependa. O Senhorio tem 22 Pontos de Vida, mas antes que você agarre seu dado para o primeiro ataque (que você pega automaticamente, já que ele lhe deu um tapa), devo indicar que você não está lutando até a morte aqui. (Não, você não está. Não a propósito do estado de um quarto. Você só luta até a morte por coisas importantes.) Caso você consiga reduzir os pontos de vida dele a 10, pode entender que ele se renderá em **118**. *Contudo, o próprio Senhorio não tem tais limitações, tendo sido atacado inesperadamente por um jovem Aprendiz de Mago maluco. Ele tentará matá-lo se puder. Se ele conseguir, você dormirá em* **13**.

Área 50

"Não, não!", exclama o Boticário."Eu tentei essa e não funciona. Minha teoria é de que a pista seja algo relacionado com o Oráculo do Mago. Você sabe – aquele que você aprendeu na Lição Oito. O Oráculo do Mago Galês. Lembra-se dessa lição? Eu creio que, talvez, cada frase da pista possa ser a resposta a um determinado resultado dos dados, de forma que você precisa trabalhar com o Oráculo de trás para a frente, por assim dizer. Em vez de lançar os dados e olhar a resposta, você olha a resposta e descobre qual foi o resultado dos dados. Depois, se colocar os dois números juntos, você encontra a área aonde tem de ir. De qualquer modo, esta é a minha teoria. Eu não tive tempo de testá-la antes de você aparecer, mas é o que acho que você deveria fazer. Posso estar errado, é claro."

Sim, ele pode estar errado. O que diz a pista, de novo? "A amizade de alguém que você conhece afetará isso. Você terá ajuda nisso de alguém que você ainda não conhece." E o que diziam essas anotações? "Talvez apenas desista e vá para um outro lugar. Talvez combine o número de letras da palavra mais longa com o número da palavra mais curta e vá lá. Meu pêndulo diz que é 102, mas eu ainda não consegui fazer isso funcionar..."

Se você simplesmente desistir e ir a outro lugar, suponho que isso significe voltar para **48** e escolher um novo destino. A palavra mais longa tem oito letras e a mais curta três, que combinadas daria **83**. O pêndulo dele diz **102** e pode valer a pena conferir, só para o caso de funcionar melhor para ele do que para você. Caso todas essas não deem certo, talvez você deva aceitar a sugestão dele sobre o Oráculo dos Magos. Pode ter algo nele.

Área 51

Você ouve um rangido quando o sarcófago se abre meio centímetro, depois para. Você aguarda esperançoso, mas não acontece mais nada.

"Bem", diz o Demônio, olhando severamente para você. "Parece que você não sabe o feitiço no fim das contas. Você se considera um Aprendiz de Mago? Você se chama de aventureiro? Volte para 48 e não volte aqui até saber exatamente quantas letras têm naquele feitiço!" Dizendo isso, ele volta para seu sarcófago e fecha a tampa atrás de si.

*É melhor aceitar o conselho do Demônio e continuar sua aventura em 48. Quando descobrir quantas letras existem no feitiço-contra-rinha--de-ursos, você pode ir direto para **82**.*

Área 52

Você tosse discretamente para atrair a atenção do Boticário. "Olhe", você sussurra com a boca torcida, "meus pais são multimilionários e minha mesada é suficiente para zerar a dívida nacional de vários países pequenos. Se você está pronto para me deixar ir embora agora, quando eu voltar para casa farei uma transferência de dólares para você que o tornará rico além de seus sonhos".

Um som gorgolejante estranho irrompe do Boticário e seu rosto fica bem vermelho como se ele estivesse engasgando. Depois de um momento, você percebe que ele está rindo.

*Mesmo assim, ele vai nessa. Tente uma **Jogada Absolutamente Tudo Pode Acontecer**. Se isso o matar, vá para **13**. Se der certo, vá para **156**. Se falhar, sua única esperança é lutar contra os Trolls em **72**.*

Área 53

Foi sorte você ter encontrado uma pequena adaga que alguém deixou cair. Ela é velha e enferrujada e não durará mais do que três lutas, mas enquanto ela durar, você pode acrescentar um ponto a qualquer dano que obtiver como resultado contra monstros em uma luta. Além da adaga há três peças de ouro, o que também pode ser útil.

Essas são as boas-novas. A má notícia é que você não consegue mais tomar uma decisão sobre para onde ir.

*Se você quiser investigar a luz fraca, vá para **81**. Se você virou um lunático e está com vontade de arriscar a passagem escura, vá para **160**. Se desejar, use seu pêndulo para decidir.*

Área 54

Você aperta o símbolo curioso na parede e ouve na hora um rangido atrás do altar. Você investiga e descobre que uma armadilha se abriu no piso da igreja, revelando um lance de degraus de pedra desgastados que descem para a escuridão.

Você hesita por um momento antes de perceber uma tocha e um isqueiro em um nicho na parede ao lado do primeiro degrau. Você demora um pouco para fazer o isqueiro funcionar, mas sendo um jovem Aprendiz de Mago brilhante, no fim você consegue e a tocha acende.

Você entra na passagem secreta com cuidado. O ar fica úmido e um pouco gelado à medida que você desce os degraus. Apesar de sua tocha, é difícil ver para onde você está indo, mas no fim a escada termina e entra por uma passagem estreita. Você segue a passagem por uns 182 metros antes de encontrar uma porta destrancada que leva a uma câmara revestida de pedra.

As sombras dançam e tremulam nas paredes. No lado mais distante da câmara, no limite de sua visão, parece ter um grande sarcófago de pedra. O lugar está silencioso como uma tumba. Silencioso, ou seja, a não ser por aquele barulho peculiar de tosse que os leões fazem na savana africana.

É por isso que o Sacerdote chamou isso de imagem do leão. O que ele quis dizer, na verdade, foi que ele abriu uma passagem para uma cova de leão. Por que cargas-d'água ele o mandaria aqui quando você disse que queria ir ao Carnegie Hall? A não ser que ele tenha percebido pelo seu ardil esperto e notado que, na verdade, você queria ir à Fraternidade dos Magos, o que, é claro, ele desaprova profundamente. Mas mesmo assim...

Olhe, você realmente tem tempo para essa especulação quando tem um leão imenso indo em sua direção saindo das sombras? Você pode lutar contra o bruto até a morte em **64** *ou tentar domá-lo em* **105**.

Área 55

Verificando com muito cuidado para ter certeza de que sua cabeça ainda está sobre seus ombros, você olha em volta para as relíquias medonhas na sala e descobre que o Chefe preservou as cabeças encolhidas usando doses liberais de poção de cura. Tem o suficiente dela em um pote no bufê para fazer três poções para você, cada uma capaz de restaurar uma jogada dupla de Pontos de Vida. Além do pote, há um pedaço de papel dos mais intrigantes, aparentemente os restos de uma carta que o Chefe recebeu faz algum tempo. O cabeçalho da carta é da Fraternidade dos Magos!

Infelizmente, a maior parte da carta foi destruída, inclusive o endereço para resposta, mas o que permanece é o número 5.

*O que não é grande coisa para ninguém. Pode significar cinquenta e tanto ou quinhentos e alguma coisa ou alguma coisa e cinco – você simplesmente não teria como saber. Mas pelo menos você tem agora três poções de cura. Leve-as com você para **48** onde você pode escolher um novo destino, com esperança de que seja um pouco mais seguro do que este.*

Área 56

O homenzinho o encara por um longo momento, depois balança sua cabeça devagar. "Não tenha medo", ele diz pesaroso. Depois ele se ilumina: "Eu vou lhe falar uma coisa. Você parece um jovem bem gentil, do tipo exato que será bem-vindo à Fraternidade dos Magos. Por que você não tenta de novo? Você sabe que o cabo da Asa de Mago não é vermelho agora, então ele é amarelo, azul ou oliva, citrino, marrom dourado e preto?"

*Se você acha que é amarelo, vá pra **39**. Se prefere azul, vá para **25**. Ou dê as respostas oliva, citrino, etc. em **71**.*

Área 57

Com um suspiro de completa ganância, você se aproxima do tesouro e começa a encher os bolsos.

*A quantia de dinheiro que você coleta depende de como você se sairá nas próximas jogadas de dados. Jogue os dois dados dez – sim, dez – vezes e some os resultados. Esse é o total em ouro no tesouro. Você pode levar tudo ou parte dele, dependendo de seu capricho. Se você pegar mais do que cinquenta peças de ouro, vá para **116**. Se pegar menos, vá para **112**.*

Área 58

É mais como isso. Essa cabana humilde com certeza é a casa de um Mago – ela flutua 15 centímetros acima do solo! Você levanta a sua mão para bater na porta da frente, mas ela abre antes que você bata. Parado no pórtico está um ancião com uma longa barba cinza vestido em um manto folgado (que é um jeito peculiar de vestir uma barba longa e cinza). Ele olha para você, desconfiado. "Bem, o Oráculo dos Magos (versão avançada) me avisou que alguém bateria na minha porta nos próximos cinco segundos com minha Varinha de Fogo. Você a trouxe?"

"Trouxe?", você repete estupidamente, abalado pela precisão de sua previsão e se perguntando como você pode conseguir a versão avançada do Oráculo dos Magos.

"A Varinha Mágica, seu idiota! A Varinha de Fogo!"

*Bem, você levou a Varinha de Fogo dele? Se levou, dê-lhe em **114**. Não adianta fingir, se não a levou – sua única esperança é voltar para **48** e escolher outro destino.*

Área 59

"Errado!", ruge o personagem poderoso diante de você. "Agora você *deve* aceitar meu conselho, pois esta é a lei do Mago!"

Dizendo isso, ele levanta a mão imensa e você é atingido e girado em um turbilhão de inimigos mágicos. Por um momento, você se sente voando pelas estrelas e galáxias do espaço profundo antes de passar dolorosamente por uma multiplicidade de dimensões para voltar a uma área familiar.

Para ser mais exato, a 48, onde você pode escolher um novo rumo ou refazer seus passos e tentar uma resposta mais sensata.

Área 60

"Aí está você, meu bom homem", você diz efusivamente. "Pegue este ouro como pagamento total e completo e fique com essa argola velha e enferrujada que eu achei para você."

"Obrigado, gentil pequeno Mago", ele diz se ajoelhando, curvando-se penosamente e prestando reverência. "Muito grato, tenho certeza. Obrigado. Obrigado." Ele morde a argola para ter certeza de que é genuína e tira uma porção de algo verde do recipiente de chumbo. "Por aqui, jovem e rico, belo, dominante, pessoa do tipo alfa de meios e substância."

Com isso ele dá um passo para o lado, permitindo que você vá para 48.

Área 61

"Venha por aqui, senhor", diz o Senhorio, mancando em direção a uma escadaria estreita.

Você manca atrás dele, perguntando-se por que ele quer que você ande desse jeito, e juntos vocês sobem para um sótão com um piso inclinado e um teto baixo. Tem uma pilha de palha fedorenta em um canto.

"É isto?", você pergunta, atônito.

"Sem reembolso", diz o Senhorio rapidamente.

Esse palhaço o está testando. Se você está se sentindo covarde, pode sorrir obsequioso, agradecê-lo pelo quarto e tentar ter uma noite de *sono em **159**. A alternativa é tentar espancá-lo até ele virar uma massa disforme em **49**.*

Área 62

Três minutos depois de vocês decolarem, o piloto informa problemas mecânicos. Dois minutos depois disso, as lâminas do rotor pegam fogo. Em seguida, o tanque de combustível explode, o piloto pula de paraquedas, mas você agarra os controles e, de algum jeito, consegue manter a máquina em chamas voando durante todo o caminho até a ilha.

*Que você encontrará em **28**.*

Área 63

Ela olha para você por um momento, depois funga. "Não posso dizer que estou impressionada com isso", ela diz. "Não estou impressionada mesmo. Você está impressionado, Harold?"

O gato balança a cabeça. "Nadinha impressionado", ele diz.

Você espera um pouco, depois pergunta: "Isso significa que vocês não me dirão como chegar à Fraternidade dos Magos?"

Ela funga de novo. "É, exatamente, o que significa. Eu sugiro que você faça uma pequena revisão em suas lições de Arte da Magia antes de voltar aqui de novo. Enquanto isso, Harold e eu acreditamos que você deve voltar para 48 e procurar outro destino, já que não tem nada para você aqui."

*Você ouviu a senhora. Vá para **48**.*

Área 64

"Eeeeaaaaaaah!", você grita, proclamando o antigo Grito de Guerra dos Magos, ao mesmo tempo que se joga em direção à besta selvagem.

*Às vezes eu acredito que você deveria se comprometer. Mas agora que você fez isso, então não tem volta. A besta selvagem em questão tem uma quantia de 29 Pontos de Vida e dois pontos extras de dano canino-patada em cada jogada de dados que ganhar de você. Se conseguir matar o animal, o que, francamente, eu considero muito improvável, você pode ir para **167**. Se não, então aceite seu destino em **13**.*

Área 65

Você se joga para a frente como um leopardo escaldado. O edifício se joga para trás com quase a mesma velocidade.

*Isso não ajudou, ajudou? Tente se movimentar para a frente mais devagar em **89**, ou afastar-se em **119**, ou refaça seu caminho em **138** e veja se você pode se aproximar dele por um outro lado.*

Área 66

Cuidado! Cuidado! O despenhadeiro está desabando! Você está perdendo a aderência! Você está começando a cair.

Você pegou uma margarida! Você está pendurado em uma margarida! A margarida está sendo arrancada pela raiz! Você está caindo!

Você mergulha a uma velocidade extrema até terminar quebrado, desfigurado, esmagado nas pedras pontudas lá embaixo! Você está gritando! "Aaaaaaaaaaaaaaaaaaaaaaaah!"

Você está – espere um pouco, você parou de cair e ainda está intacto. Mais ou menos. Você está em uma saliência estreita, seu coração dispara. Abaixo de você, a face do despenhadeiro caiu, então não existe nenhuma possibilidade de descer escalando. Mas, para ajudá-lo, tem uma entrada para um túnel estreito que perfura em um ângulo agudo o penhasco.

*Você pode ficar na saliência de pedra até morrer de fome, caso em que você vai para **13**. Ou você pode arriscar o túnel em **133**.*

Área 67

"Meu caro Demônio". você começa, da maneira mais lisonjeira. "A fama de sua poesia espalhou-se por todo o redor, enquanto o verso em si traz alegria e felicidade ao..."

Mas o poético Demônio não está ouvindo. Ele olha além de você para o corpo retorcido no chão da câmara."Você matou Fido!", ele grita."Você matou meu leão de estimação!"

Então, ele salta sobre você e arranca sua garganta.

*Deixando-o sem fala na **13**, o que pode lhe ensinar a ser um pouco mais bondoso com os animais.*

Área 68

A criatura alada olha para você, rancorosa."Sim, bem, na realidade, está correto, portanto, terei de deixar seguir em frente."

"E eu", acrescenta o Boticário.

"E você", assente o Arcanjo. "Embora eu ainda diga que, no fim das contas, vocês não deveriam estar fazendo isso." Em seguida, ele abre suas asas e desaparece em sua própria dimensão do universo.

"Criaturas estranhas", comenta o Boticário enquanto vocês caminham juntos por uma passagem em arco até a boca de uma confusão de um labirinto.

Você para."O que é isso?", você pergunta, desconfiado.

"Apenas um dos pequenos tratos que eu mencionei", diz o Boticário. "Existem dez saídas deste labirinto. Uma delas o leva à Fraternidade dos Magos. Uma o leva à sua condenação. Eu temo que todas as outras oito, no fim, levem de volta a 48. A ideia é que você use seu pêndulo para escolher o caminho correto. Na verdade, não é uma grande prova – tem só uma chance em 10 de você ser morto."

*Não me parece uma grande vantagem, mas se você quiser arriscar, a escolha é sua. Aqui estão os caminhos que levam às saídas dos dez labirintos – **26, 33, 43, 74, 93, 121, 129, 135, 155, 169**. Coloque seu pêndulo para funcionar e vamos ver se você sai dessa inteiro.*

Área 69

"Eu achei que tivesse dito a você para sair daqui", resmunga o Guarda, quando sai da torre arruinada. "Agora terei de espancá-lo até você virar uma massa disforme e alimentar o monstro do poço da vila."

"Você e o exército de quem?", você pergunta, espertinho.

"Óoooo, como se eu nunca tivesse ouvido essa antes. Venha, vamos acabar com isso, para eu poder voltar a ficar atento para encrenca de verdade."

"Você conseguiu encrenca de verdade aqui", você diz, avançando ameaçador.

Porém, apesar das palavras corajosas, pode ser você quem está em uma encrenca de verdade. O Guarda tem 18 pontos de vida, o que não é assim tão alto (só que alto o suficiente), mas agora você pode ver, pela primeira vez, que ele está armado. Pode ser só um forcado – a tradição militar desta vila deixa muito a desejar –, mas ainda assim acrescenta dois pontos cada vez que o resultado for contra você. E mais ainda, se ele conseguir resultado 6 em duas rodadas, você está morto, independentemente de quantos pontos de vida você ainda tiver.

Caso o guarda o mate, o que, eu devo dizer, me parece muito provável, vá para **13**. *Na hipótese de você matá-lo, você pode revistar o cadáver em* **85**.

Área 70

Uau, algo não está muito certo por aqui. Enquanto você entra na sala de estar do Chefe da Vila, percebe que cada prateleira e armário estão lotados de cabeças encolhidas.

Ele nota sua expressão atônita. "Esse é o meu passatempo", ele conta para você. "É por isso que eles me chamam de Cabeça da Vila. Agora, se você for até a guilhotina, posso acrescentar sua cabeça à minha coleção."

Parece que você encontrou um psicótico pitoresco. É hora de lutar ou guerrear. Se decidir que a prudência é a melhor parte do heroísmo e quiser fugir, você precisará de uma **Jogada Absolutamente Tudo Pode Acontecer** *que, se não matá-lo, permitirá que você volte para* **48**. *Como opção, é claro, você pode lutar por sua vida. O Cabeça da Vila vem* equipado com 24 pontos de vida e o matará na hora com a guilhotina, se ele conseguir duas jogadas consecutivas de seis durante a luta. Se você vencer, você pode cambalear até **55**. Se não, recomponha sua cabeça na **13**.

Área 71

O homenzinho encara você por um longo momento, depois, balança a cabeça devagar. "Temo que não", ele diz pesaroso. Depois ele se anima: "Vou lhe dizer uma coisa. Você parece um jovem muito gentil, do tipo que seria bem-vindo por nós à Fraternidade dos Magos. Por que você não tenta de novo? Você sabe que o cabo da Asa do Mago não é oliva, citrino, marrom, dourado ou preto agora, então é amarelo, vermelho ou azul?"

*Se acha que é amarelo, vá para **39**. Se preferir vermelho, vá para **56**. Caso dê a resposta azul, vá para **25**.*

Área 72

"Cuidado!", você ruge de repente. "Você acha que vou ficar aqui parado e deixar vocês me comerem? Não mesmo, não vou. Vou lutar contra vocês nas praias. Vou lutar contra vocês nas colinas. Lutarei contra vocês nos campos e nas ruas. Eu nunca..."

Espere um pouco! Espere um minuto! São 28 Trolls, sem mencionar o Boticário com sua Varinha de Fogo. É um suicídio total e completo lutar contra todos eles. Você tem certeza absoluta de que não tem *dinheiro que você possa usar para suborná-los em **149**? Ou caso o suborno falhe, você não pode oferecer uma recompensa em **52**? Se você insistir em lutar, eles estão todos prontos e esperando por você em **87**.*

Área 73

Depois de 275 metros de estrada, você é atacado por Robin Hood e seus homens felizes que estão convencidos, apesar de todos os seus protestos, de que você é o Xerife de Nottingham. Ao contrário de sua imagem pública, Robin não é o ladrão cavalheiro que todos nós fomos levados a acreditar ser, mas o tipo de vilão que faz com que qualquer monstro pareça um vicário episcopal. Seus homens felizes são ainda piores, como você deve adivinhar de um bando de iletrados fedorentos e sujos que soletram "feliz" como eles soletram. Portanto, você é amarrado a uma árvore com os cadarços de sua bota e usado como alvo.

Infelizmente, apesar de seus muitos defeitos, todos nessa turma são excelentes arqueiros.

*Quando eles terminarem de transformá-lo em uma almofada de alfinetes, você pode tirar as flechas em **13**. E tente ser mais cuidadoso com o Oráculo Pirâmide no futuro.*

Área 74

Você se contorce e vira, vira e se contorce, volta e se revira, se enrola, se esquiva, volta, fica confuso, se esclarece, se arrasta um pouco e, finalmente...

*Aparece em **139**. Parece promissor. Você não está morto (ainda) e, definitivamente, não voltou para **48**.*

Área 75

"Errado!", exclama o Mago, encarando você com uma expressão chocada em seu rosto."Como você chegou tão longe quando não sabe uma coisa simples como essa?"

Depois de dizer isso, ele faz um gesto místico e o transporta magicamente para...

*Para onde? Jogue um dado. Resultado 1 ou 2 e continue sua aventura em **77**. Caso dê 3 ou 4, continue a partir da **92**. Se sair 5 ou 6, continue de **127**. E se você quiser meu conselho, eu procuraria a resposta àquela pergunta antes de voltar aqui de novo.*

Área 76

Há umas coisas legais aqui, mas a maior parte delas é do tamanho compatível a um Troll, portanto, não é boa para você em nenhuma hipótese. Mas tem uma espada que lhe dará três pontos extras de estrago em qualquer jogada que você fizer contra monstros em uma luta e um peitoral que diminuirá o mesmo número de pontos de qualquer jogada feita contra você.

*Agora, se já não fez isso, você pode saquear o tesouro deles em **57**, pegar a passagem subterrânea em **97**, seguir o caminho que ele diz que leva à Fraternidade dos Magos em **106** ou explorar o túnel em que você não deveria entrar em nenhuma circunstância em **151**.*

Área 77

Cara, que cheiro bom! Seu nariz lhe diz onde você está mesmo antes de você atravessar a porta. É uma loja de tortas! Tortas de aves de caça, tortas de carne, tortas de pombo, tortas de ostra, tortas de enguia, tortas de maçã, tortas de mirtilo, tortas de massa grossa, tortas entrelaçadas, além de toda uma seção de tortinhas: de limão, de amêndoas com geleia, de melado, do que quiser.

"Tortas... hummm, tortas... arrrgh." Você saliva em uma imitação passável de um náufrago faminto.

"Todas caseiras", diz a mulher maternal rechonchuda com as maçãs do rosto rosadas atrás do balcão. "E todas com o mesmo preço – uma peça de prata cada."

*Eu sugiro que você compre uma se puder pagar por ela. Você nunca sabe de onde virá a próxima refeição na Aventura do Mago. Contudo, comprando uma torta ou não, com certeza você deve voltar para **48** e escolher outro destino o mais rápido possível – você está salivando tanto que está fazendo sujeira no chão.*

Área 78

Enquanto você se aproxima do heliporto, nota três helicópteros esperando na pista, com as portas abertas e os motores ligados em baixa rotação. Eles parecem ter sido pintados por um americano patriota (ou, talvez, um britânico patriota) já que um é vermelho, um é branco e o outro é azul.

"Qual de vocês vai para a ilha?", você diz, mas os pilotos não conseguem ouvir acima do som dos motores.

*Parece que você terá de fazer outra escolha usando o pêndulo. Você pode embarcar no helicóptero vermelho em **37**, no branco em **62** ou no azul em **158**.*

Área 79

"Errado!", exclama o Mago, encarando-o com uma expressão atônita em seu rosto. "Como você chegou tão longe assim quando não sabe nem uma coisa simples como essa?"

Depois de dizer isso, ele faz um gesto místico e magicamente transporta-o para...

*Para onde? Jogue um dado. Resultado 1 ou 2 e você continua a sua aventura da **77**. Caso dê 3 ou 4, continue sua aventura da **92**. Com resultado 5 ou 6 você a continua de **127**. E se você quer meu conselho, eu procuraria a resposta a essa pergunta antes de voltar aqui de novo.*

Área 80

"Muito bem!", exclama o Boticário. "Se você tiver a gentileza de me entregar todas as peças de ouro que você possui, posso conduzi-lo diretamente à 48, onde você pode escolher outro destino, embora, provavelmente, você não vai querer me encontrar novamente."

*Está corretíssimo! Vá para a **48** e selecione outro destino, evitando todos os boticários.*

Área 81

Maravilha! Você encontrou a saída da caverna! Aquela luz era a entrada! Não foi fácil? Agora tudo o que você tem a fazer é encontrar um caminho para a cidade mais próxima, fazer algumas investigações sobre a Fraternidade dos Magos e...

Oh-oh, problemas. Quando você chega à entrada da caverna, descobre que, na verdade, ela se abre para um despenhadeiro íngreme com uma queda de várias centenas de metros. Do outro lado de uma região de florestas você consegue ver a torre da igreja de uma cidade movimentada, mas chegar a ela a partir daqui vai ser bem difícil.

*Ainda assim, você pode tentar descer pelo despenhadeiro em **27**. Arriscado, mas você é quem sabe. Uma alternativa seria você voltar pelo caminho por onde veio até **1** e lá escolher outra opção. Use seu pêndulo para ajudá-lo a se decidir.*

Área 82

Enquanto você fica parado todo nervoso esperando ser dilacerado, o Demônio começa uma salva de palmas, meio abafadas por suas luvas brancas."Excelente!", ele exclama. "Quanta sensibilidade! Que criatividade! Quanto bom gosto! Que inteligência! Um épico digno do Bardo de Avon, um poema para envergonhar Shelley! Bem feito! Muito bem!"

Você pisca."Isso significa que você me ajudará a encontrar o caminho para a Fraternidade dos Magos?", você pergunta.

"Claro, claro. Dá para ver que você é exatamente o tipo de jovem de que a Fraternidade precisa. Tem um túnel embaixo de meu sarcófago que o leva diretamente à entrada da Fraternidade, onde você se submeterá aos seus testes finais. Mas tenho certeza de que alguém com sua dedicação à Arte da Magia passará por eles com facilidade." Ele dá um passo para um dos lados e faz um gesto largo em direção a seu sarcófago.

"Como eu vou movimentá-lo para chegar ao túnel secreto?", você pergunta. "A própria simplicidade", exclama o Demônio Poético todo orgulhoso. "Simplesmente me diga quantas letras há no feitiço contra rinha de ursos."

*E agora? Se você acredita que o feitiço tem sete letras, vá para **42**. Se acha que tem nove, vá para **51**. Se imagina serem onze letras, vá para **19**. Se não tem a mínima ideia de quantas letras tem, volte para **48** e continue sua aventura até descobrir.*

Área 83

"Não, não!", exclama o Boticário. "Eu tentei essa e ela não funciona. Minha teoria e de que a pista está de algum modo relacionada ao Oráculo do Mago. Você sabe – aquele que você aprendeu na Lição Oito. Não o Oráculo da Pirâmide – o Oráculo do Mago. O Oráculo do Mago Galês. Lembra dele? Aquele em que você trabalha com dados. Eu acho que, talvez, cada frase da pista deva ser a resposta a uma jogada específica de dados, então você precisa trabalhar com o Oráculo de trás para a frente, por assim dizer. Em vez de jogar os dados e procurar a resposta, você olha para a resposta e adivinha qual foi o resultados dos dados. Depois, se você colocar os dois números juntos, descobrirá a área para a qual deverá ir. De qualquer modo, esta é a minha teoria. Eu não tive tempo para testá-la antes de você aparecer, mas é o que acredito que você deveria fazer. É claro que posso estar errado."

Sim, ele pode estar errado. De novo, o que diz a pista? "A amizade de alguém que você conhece afetará isso. Você terá a ajuda de alguém que você ainda não conhece." E quais são as anotações dele? "Talvez dobrar o número de palavras e depois ir àquela área? Ou então simplesmente desistir e ir para algum lugar totalmente diferente. Meu pêndulo diz 102, mas não consegui fazer funcionar..."

Se você dobrar o número de palavras e acrescentar 10, o resultado o levará à área **50**. *Caso apenas desista e vá a um lugar completamente diferente, suponho que isso significa voltar para* **48** *e escolher um novo destino. O pêndulo dele diz* **102** *e talvez valha a pena verificar o destino só para o caso de ele funcionar melhor para ele do que para você. Se todas essas opções não darem certo, talvez você devesse aceitar a sugestão do Boticário sobre o Oráculo do Mago. Talvez tenha alguma coisa nele.*

Área 84

"Pegue aquilo, aquilo e aquilo outro!", você grita, pulando para cima e para baixo louco de raiva. Sobra pouco para aproveitar já que o corpo de seu oponente dissolveu-se em uma gosma alquímica por algum motivo.

Porém, ele deixou a Varinha de Fogo, o que significa que agora você tem três pontos extras de danos em cada golpe que der contra qualquer oponente, quando voltar a **48** *e escolher outra direção.*

Área 85

Com toda habilidade, você começa a revistar o cadáver, um de seus hábitos mais nojentos. Há duas peças de prata no bolso das calças dele e um pedaço de um pergaminho sujo enfiado embaixo de uma das meias. O pergaminho parece ter algum tipo de mapa tosco rabiscado nele.

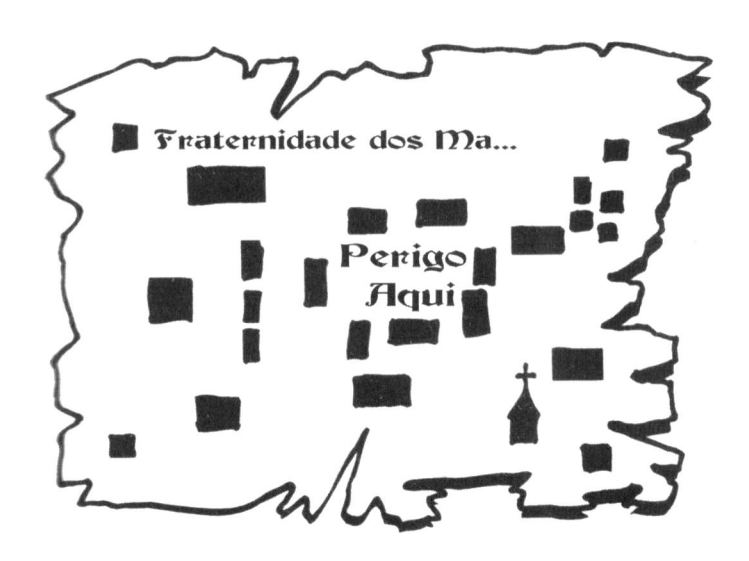

No topo do mapa você consegue entender as palavras "Fraternidade dos Ma...", enquanto perto do meio alguém escreveu "Perigo aqui". "Fraternidade dos Ma..." Claro que tem que ser a Fraternidade dos Magos! Se você pelo menos soubesse a que local o mapa se refere. Animado, você o vira, na esperança de ter alguma coisa na parte de trás, mas quando você o vira, sente uma mão pesada em seu ombro.

Você olha para trás e descobre que está cercado por aldeões armados com uma variedade de mosquetes, forcados, espadas, arcos, tanques, metralhadoras de helicópteros e mísseis balísticos intercontinentais.

"Você matou um Guarda!", exclama o homem com a mão em seu ombro.

"Sim, matei", você diz espontaneamente."Ele lutou bem, mas eu e meu dado confiável nos demos melhor no fim."

"Mas isso é *assassinato*!", exclama o aldeão horrorizado."Você não acha que pode andar por aí matando pessoas só porque está na Aventura do Mago, acha?"

"Bem, eu..." você começa.

Mas antes de ter a chance de explicar, você é agarrado brutalmente e mandado para **143**.

Área 86

"Errado!", ruge a figura poderosa diante de você. Agora você *deve* aceitar meu conselho, pois esta é a lei da Arte da Magia!"

Ao dizer isso, ele levanta uma mão imensa e você é atingido e gira em um turbilhão de inimigos mágicos. Por um momento, você se sente voando pelas estrelas e galáxias do espaço sideral antes de passar dolorosamente por uma multiplicidade de dimensões para voltar a uma área familiar.

Para ser mais exato, a **48**, *onde você pode escolher um novo rumo ou refazer seus passos e tentar uma resposta mais sensata.*

Área 87

"Renda-se!", você uiva, completando a frase.
"É uma opção", diz o Troll pensativo.
"Definitivamente, uma opção", concorda outro.
"Por que não fazemos isso?", pergunta um terceiro.
"Eu concordo", indica com a cabeça um quarto.
"Muito bem", diz o primeiro Troll firme. "Nós nos rendemos."
"Eu também", balbucia o Boticário covarde.

Não foi o resultado mais previsível do mundo, mas aconteceu. Então, o que fazer agora? Os Trolls o levarão a um passeio por sua ilha em **132**. *O Boticário diz que lhe mostrará o caminho para fora da ilha em* **126**.

Área 88

"Sem problemas por lá", você diz. "Moleza. Todos sabem que é Marte o quarto planeta a partir do Sol, o planeta mais próximo da Terra. Algumas vezes chamado de Planeta Vermelho. Os romanos o chamaram de Deus da Guerra. Ele tem o maior vulcão do sistema solar. Sim, é Marte. Definitivamente Marte. Resposta final."

Nessa altura a Esfinge olha para você bem desapontada por não poder espancá-lo até que vire uma massa disforme, despedaçá-lo, decapitá-lo, pisar nos pedaços que sobraram e mandá-lo de volta para a 13. Em vez disso, ela se afasta para o lado emburrada e indica para você o rumo da **140**.

Área 89

Você avança mais devagar. O edifício recua mais devagar, mas ainda recua.

Você pode correr para ele de novo, um pouco mais rápido desta vez, em **65**. *Ou você pode tentar se afastar dele em* **119**. *Uma opção é refazer seus passos até* **138** *e ver se pode se aproximar por um lado diferente.*

Área 90

"Errado!", exclama o Mago, encarando-o com uma expressão chocada em seu rosto. "Como você pode ter chegado tão longe quando nem ao menos sabe algo tão simples como isso?"

Depois de dizer isso, ele faz um gesto místico e o transporta magicamente para....

Para onde? Jogue um dado. Se der 1 ou 2, continue sua aventura em **77**. *Com resultados 3 ou 4 continue em* **92**. *Dando 5 ou 6 siga a partir da* **127**. *E se você quiser meu conselho, eu procuraria a resposta da pergunta antes de voltar aqui de novo.*

Área 91

"Blá-blá, financeiramente envergonhado, blá-blá", você murmura. "Mas eu posso perguntar uma coisa?"

"Pergunte", diz o Senhorio, expansivamente.

"Eu me perguntava se você, possivelmente, saberia o caminho para a Fraternidade dos Magos?", você pergunta.

"Eu sei que é bem escondido", explica o Senhorio para você mostrando bom senso. "E sei que é difícil de entrar. Mas quanto à sua localização exata..." Ele dá de ombros.

"Você pode pelo menos me dizer se fica nesta vila?"

"Ah, sim, com certeza é nesta vila. Eu sei disso. E teve um viajante aqui no outro dia – um jovem bem parecido com você – que mencionou que você chega nela pela Cripta do Demônio, seja lá onde ela possa estar. Desculpe, mas é o máximo que posso dizer."

*Na verdade, não está de todo mal. Agora você pode voltar para **48** e começar a procurar pela Cripta do Demônio.*

Área 92

Lugar legal. É feito de troncos, mas a um passo ou dois de sua cabana de férias convencional. A grama em volta também tem sido bem cuidada, o que, na minha opinião, faz uma grande diferença em uma propriedade. Você empurra o portãozinho (ignorando o aviso CUIDADO COM O CARNEIRO) e caminha pelo caminho estreito até a porta da frente. Lá também tem um aviso. Ele diz: CHEFE DA VILA. Você está com sorte. Se alguém pode lhe dizer onde pode ser a Fraternidade dos Magos, com certeza é o Chefe da Vila. Você bate com firmeza.

Depois de alguns minutos, a porta é aberta por um homem gordinho de expressão franca usando calças marrons e um colete da mesma cor. "Ah, um estranho em nossa humilde vila", ele diz cordialmente. "Sem dúvida um viajante cansado ou um jovem entusiasmado que embarcou na Aventura do Mago. Entre. Entre."

*Que boas-vindas gentis. Pode haver uma fatia de torta de maçãs ou uma xícara de café envolvida se você jogar bem suas cartas. Você pode aceitar o convite do Chefe da Vila em **70**. Porém, se estiver apressado, pode simplesmente perguntar onde pode ser a Fraternidade dos Magos indo ao **141**. Você pode até dar meia-volta para **48**. Uma grosseria, mas você decide.*

Área 93

Você se contorce e vira, vira e se contorce, volta e se revira, se enrola, se esquiva, volta, fica confuso, se esclarece, se arrasta um pouco e, finalmente...

*Aparece na **48**. Desculpe.*

Área 94

"Errado!", exclama o Mago, encarando você com uma expressão de espanto em seu rosto. "Como você pode ter chegado tão longe sem saber uma coisa simples como esta?"

Dizendo isso ele faz um gesto místico e magicamente transporta-o para...

*Para onde? Jogue um dado. Saindo 1 ou 2 você continua sua aventura a partir da **77**. Se der 3 ou 4, você continua da **92**. Caso o resultado seja 5 ou 6, você continua da **127**. E, se você quer meu conselho, eu procuraria a resposta a essa pergunta antes de voltar aqui de novo.*

Área 95

"Caramba, é isso!", exclama o Boticário enquanto a parte das prateleiras de livros desliza silenciosamente para trás para revelar a passagem secreta. Ele sorri favoravelmente para você. "Tudo o que você precisa fazer é seguir a passagem. Você vai passar por uma ou duas pequenas provas, é claro, mas nada com que um jovem Aprendiz de Mago com seu calibre não possa lidar. E talvez possa haver algumas perguntas quando você chegar à Fraternidade, mas você as responderá com facilidade. Bem, fico feliz por ter sido de ajuda e muito prazer em conhecê-lo."

Ele se afasta para um lado para deixar você entrar na passagem.

*Uma ou duas pequenas provas? Você tem certeza mesmo de que quer entrar nisso? Quer dizer, não tem tanta importância participar da Fraternidade dos Magos. Além do mais, provavelmente existe algum outro caminho mais seguro. Por que não deslizar de volta para **48** e escolher outro destino? Mas se você insiste, absolutamente, em entrar na passagem secreta, você pode fazer isso em **131**.*

Área 96

O corredor desce de um jeito bem alarmante, mas, no fim, a escuridão dá lugar à obscuridade, depois a uma luz turva. Mais à frente você pode ver uma luz mais brilhante e, quando você chega a ela encontra, finalmente, a luz brilhante do sol. Com um suspiro profundo de alívio sincero, você olha em volta.

Você está parado embaixo de um despenhadeiro. Bem acima você pode ver a entrada da caverna onde começou esta aventura. À sua volta há uma mata densa e um caminho estreito; logo à sua frente, há tantas curvas que você perde seu sentido de direção bem rápido. Contudo, após caminhar por quase 15 minutos, você encontra uma encruzilhada. Os quatro braços da placa de sinalização dizem:

De volta para onde você veio → **5**.
Fraternidade dos Magos → **147**
Que tal este caminho? → **123**
Este é o correto? → **73**.

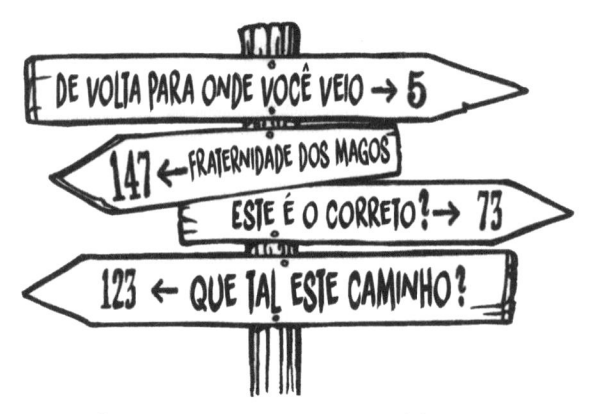

E agora? Você mal começou sua aventura e já encontrou a estrada para a Fraternidade dos Magos. É quase fácil demais, mas as outras indicações não ajudam muito. Então, marche para **147** sem demora... a não ser que você queira dar um sorriso misterioso e verificar aquelas direções usando magia.

Área 97

Ainda parece bom demais para ser verdade, mas essa rota realmente o leva para fora da ilha sem qualquer tipo de problema, sem perigos, sem lutas, sem truques.

*O que você acha disso? Ela o leva em segurança até **48**.*

Área 98

Ele o encara com uma expressão aflita. "Isto é devastador", ele diz. "Eu realmente achei que você fosse conseguir. Esta é a resposta errada! Não consigo acreditar. Você chegou tão longe. Só esse obstáculo final e, de repente, você é feito de tolo. É arruinado. Relegado no fim à categoria dos comuns. Por que você não deu uma espiada sorrateira na resposta antes de responder? Está lá na lição sobre o Espaço do Mago. Eu não posso deixar você chegar tão longe e jogar você de volta ao início. Quer saber: revise a lição do Espaço do Mago e você pode recomeçar sua aventura com todos os seus Pontos de Vida, chaves douradas e outras coisas absolutamente intactas em 48. Faça seu percurso a partir de lá e acerte da próxima vez!"

*Você ouviu o que o homem disse. Vá para o Espaço do Mago, depois **48**.*

Área 99

"Como ousa colocar a venda em meus olhos?", você grita de um jeito antiquado e incomum. "Pois morrerá por isso – pelo menos neste mundo virtual da Aventura do Mago."

"É mais fácil falar do que fazer", sorri o Boticário.

*Nunca se falou tanto a verdade. Apesar de sua aparência inexpressiva, esse palhaço tinha não menos do que 30 Pontos de Vida, graças a todas as vitaminas que ele toma. Além disso, aquela Varinha de Fogo dá a ele três pontos extras de ferimentos em cada jogada contra você. Se ele vencer a luta, siga, como sempre, para **13**. Se você sair por cima, seria uma boa ideia ir para **84**.*

Área 100

Ela encara você por um momento, depois funga. "Devo dizer que estou impressionada", ela diz. "Bem impressionada mesmo. Você está impressionado, Harold?"

O gato faz que sim com a cabeça. "Impressionadíssimo", ele diz.

Você espera um pouco, depois pergunta: "Isso significa que vocês não vão me dizer como chegar à Fraternidade dos Magos?"

Ela funga de novo. "É exatamente o que significa. Ou quase. Quer dizer, não posso mandá-lo diretamente para lá – é uma impossibilidade. Mas posso colocá-lo no caminho certo. Eu sugiro que você ore".

Você espera. Depois de um longo momento, fica claro que ela não vai dizer mais nada. "É isso?", você pergunta aturdido.

"É isso", ela diz, "e é uma boa pista".

Harold e ela o encaram com aquela expressão convencida insuportável de pessoas que sabem mais do que você.

*Bem, além de encarar de volta, a única coisa que você pode fazer agora é voltar para **48** e escolher outro destino.*

Área 101

"Olhe, não podemos conversar a respeito?", você pergunta, sensato. "Quero dizer, não existe nenhuma necessidade para..."

Ele levanta uma mão lânguida. "Em versos, meu querido jovem, em versos! Eu sou sensível e artístico demais para conversar de qualquer outro jeito. Se você conseguir se apresentar em um poema curto, vou pensar em ajudá-lo. Senão, eu devo compor uma ode memorial, depois estraçalhar sua garganta com minhas presas."

Nossa, o que você vai fazer agora? Quer saber – eu vou deixar um pequeno espaço nesta página para você...

*Veja se consegue escrever três ou quatro rimas sobre si nesse espaço. Com otimismo, elas serão melhores que as besteiras que ele declama. Quando tiver terminado, vá para **82** descobrir o que ele achou das rimas.*

_____

_____

_____

_____

Área 102

"Não, não!", exclama o Boticário. "Eu tentei essa e não funciona. Minha teoria é que a pista está, de algum modo, relacionada ao Oráculo do Mago. Você sabe, aquele que você aprendeu na Lição Oito. Não o Oráculo da Pirâmide, o Oráculo do Mago. O Oráculo Galês do Mago. Lembra-se desse? Aquele que você trabalha com dados. Eu acredito que, talvez, cada frase da pista deva ser a resposta a um determinado resultado dos dados, então, você precisa fazer o

Oráculo funcionar de trás para a frente, por assim dizer. Em vez de jogar os dados e procurar pela resposta, você procura pela resposta e descobre qual foi o resultado. Portanto, se você reunir os números, descobre a área para onde você tem de ir. De qualquer modo, esta é a minha teoria. Eu não tive tempo para testá-la antes de você aparecer, mas é o que acredito que você deveria fazer. É claro que posso estar errado".

Sim, ele podia estar errado. O que diz a pista, de novo? "A amizade de alguém que você conhece afetará isso. Você terá ajuda nisso de alguém que você ainda não conhece." E quais eram os tópicos relevantes de suas anotações? "Talvez dobrar o número de palavras, somar 10 e ir para aquela área? Talvez desistir e ir para outro lugar bem diferente. Talvez combinar o número de letras na palavra mais longa com o número da mais curta e ir para lá."

Se você dobrar o número de palavras e acrescentar 10, isso o levará para **50**. *Se você desistir e ir para um lugar completamente diferente, suponho que isso significa voltar para* **48** *e escolher um outro destino. A palavra mais longa tem oito letras e a mais curta três, o que combinado daria* **83**. *Se todas as hipóteses não derem certo, talvez você devesse aceitar a sugestão dele sobre o Oráculo do Mago. Pode ter algo nele.*

Área 103

Você diz: "Tudo bem, você tem um rosto honesto, embora seja feio e melancólico. Eu acho que acredito em você, então dá, por favor, para quebrar o transe hipnótico que faz com que eu acredite que a Fraternidade está bem ali?"

"Dá sim", ele diz. "Mas onde você gostaria de acordar? Eu posso lhe dar a escolha de 110, 128 ou 134. Nenhuma delas irá matá-lo, mas algumas são um pouco melhores que outras."

Parece que, de novo, pode ser hora do pêndulo. Faça sua escolha entre **110**, **128** *e* **134**. *E boa sorte.*

Área 104

"Oito peças de ouro? Você está maluco?", você exclama. "Eu não pago nem um níquel para um molestadorzinho fedorento feio e idiota como você. Suspeito de que sua mãe seja uma doninha retardada e seu pai um bode. E os dois devem estar constrangidos diante do que seu filho se tornou. Eu mostro o dedo do meio e a língua para você, para mostrar o meu desprezo." Com essas provocações corajosas, você se joga para cima dele.

*Não sei bem se isso é uma boa ideia. O camponês tem 20 Pontos de Vida e aquele forcado acabou de ser afiado, então com ele o camponês recebe três pontos adicionais de ferimentos em cada jogada de dados que ele ganhe de você. Se você sobreviver a esta luta, encontrará uma Poção de Cura que vale uma rodada de dois dados de Pontos de Vida no bolso de trás dele, depois do que você pode pisar no corpo e ir para **48**. Se perder, não terá nada para suas dores (que serão consideráveis na ocasião), a não ser uma viagem rápida até a **13**.*

Área 105

"Aqui, gatinho, gatinho", você chama sedutoramente. "Aqui, gatinho bonzinho... você quer um pouco de leite? Um pires de creme? Uma zebra viva?"

Ele se aproxima com as patas selvagens e brutas.

"Por favor, gatinho, vamos ser amigos."

A besta selvagem chega até você, abre uma boca gigante e lambe sua mão estendida com uma língua extremamente áspera. Depois começa a ronronar. Para seu assombro fica de barriga para cima, para ter sua barriga coçada.

*Bem, eu não teria dado um níquel de madeira por suas chances desse resultado. Mas com certeza parece que você teve sucesso em domar o leão. Volte logo para **152** para descobrir o que acontece em seguida!*

Área 106

Eles disseram a verdade! Aqui está. Depois de não mais de 800 metros, você avista mesmo a Fraternidade dos Magos. Ela está instalada em uma mansão antiga e bonita em sua propriedade com as palavras *Fraternidade dos Magos* flutuando acima dela pintadas com fogo. Você começa a correr em sua direção, mas, curiosamente, ela parece recuar.

Você para se perguntando o que fazer em seguida.

*Bem, você pode correr de novo para ela, com um pouco mais de velocidade desta vez, em **65**. Ou tentar se movimentar em direção a ela mais devagar em **89**, veja se isso faz alguma diferença. Ou você pode tentar afastar-se dela em **119**. Ou ainda você pode dar meia-volta em **138** e ver se pode se aproximar de um lado diferente. Eu pensei em tudo? Ótimo. Faça sua escolha.*

Área 107

Passando com cuidado sobre o esgoto a céu aberto e evitando o caldeirão borbulhante, você entra na cabana asquerosa... e imediatamente descobre que ela é bem maior por dentro do que por fora. Mais limpa, também, e encantadoramente mobiliada em estilo moderno com ênfase em iluminação por faixas de LED, vidros e cromo escovado. Há várias poltronas confortáveis em uma sala iluminada e atapetada com gosto e, embora nela tenha um Gato de Bruxa, ele é um animal bem bonito que sorri e acena de um jeito bem amistoso dando as boas-vindas quando você entra.

A velha encarquilhada endireita-se e sua corcunda desaparece. Ela pega sua cabeça como um alienígena em um filme de ficção científica e com cuidado retira a máscara que esconde um lindo rosto com traços delicados e uma torrente de cabelos avermelhados brilhantes.

"Assim fica melhor", ela graceja para você.

"Mas você é... você é...", você gagueja.

"Sim, eu sou, não sou?", ela concorda. Eu sempre achei divertido brincar com a imagem que as pessoas têm de uma Bruxa. Você sabe, uma velha encarquilhada, um caldeirão, vassoura, toda aquela bobagem medieval. De fato, nós Bruxas somos bem civilizadas nos dias de hoje. Como você sabe, é claro, já que percebo que é um Aprendiz de Mago."

"É verdade", você lhe diz."E, é claro, eu não fui enganado nem por um minuto."

"Então você me acompanha no almoço? Eu estava pensando em doze ostras, um pouco de caviar, salmão holandês, aspargos, batatas novas mentoladas e uma garrafa de *Pouille Fumé* 85. Com uma torta de chocolate dupla em seguida, é claro."

"Com creme", acrescenta o gato dela.

"Sim", você diz, simpatizando com a ideia.

Logo que termina essa refeição verdadeiramente magnífica, você solta um pequeno arroto e puxa o assunto que o interessa mais. "Você saberia onde eu posso encontrar a Fraternidade dos Magos?", você pergunta.

"Sim, é claro que sei", ela lhe diz prontamente. "Mas, uma vez que você está na Aventura do Mago, eu só tenho permissão para lhe dar uma pista. E mesmo assim apenas se você puder responder a uma pergunta importante."

"Qual é?", você questiona rápido.

"A pergunta é", diz a Bruxa:"Em que direção você iria para encontrar Ar?"

Bem, não adianta ficar lá sentado olhando para ela com sua boca aberta. Um Mago deveria ser capaz de responder a uma pergunta simples como essa fácil, fácil. Se você acha que o Ar está no Norte, vá para **166**. *Se acredita estar no Sul, vá para* **130**. *Se pensa que está no Leste, vá para a* **100**. *Se acredita estar no Oeste, vá para a* **2**. *Se acredita que encontrará Ar em qualquer direção, vá para* **63**.

Área 108

Você segue o túnel até encontrá-lo completamente bloqueado por um desmoronamento.

Que pena! Mas pelo menos você não estava embaixo quando aconteceu. Por ora, no entanto, tudo o que você pode fazer é dar meia-volta e embarcar na barca em **165**, *nadar usando um aparelho de respiração para mergulhadores em* **146** *ou embarcar em um helicóptero em* **78**.

Área 109

"Errado!", exclama o Mago."Não – Certo! É isso. Conseguiu de primeira! Caramba, você conhece a matéria. Só mais um teste – tem o feitiço, é claro – e posso dar a chave para você. Agora, o que tenho que perguntar para você...?

"Esse é o teste?", você pergunta.

"O que é o teste?"

"Dizer a você o que você tem que me perguntar. Porque se for isso, você podia me perguntar quem sou eu – em geral eu consigo 75 por cento com isso. Ou você podia perguntar..."

O Mago ergueu-se em toda a sua altura."Eu poderia lhe pedir para levar todo esse negócio mais a sério," ele diz com dignidade. "É claro que isso não foi o teste. Foi só meu cérebro decaindo um pouco. Sua terceira e última pergunta na verdade é esta – e pense antes de responder porque ela é complicada: quando um círculo se torna um círculo mágico de verdade? Quando você o desenha completamente? Quando você imagina que o desenhou? Ou quando você o fortalece com símbolos e palavras de poder?"

De fato, é difícil – você terá de ir aos primeiros princípios nessa. Se você acredita que completar o círculo cria a magia, vá para **98**. *Se você pensa que imaginar um círculo o torna mágico, vá para* **9**. *Se acredita que fortalecer o círculo o torna mágico, vá para* **168**.

Área 110

Você se senta com um imbecil (que deve permanecer anônimo) e olha à sua volta. Para seu completo espanto, a Fraternidade dos Magos desapareceu, assim como o Mago melancólico e, na verdade, toda a ilha.

Deixando-o parado sem nenhuma iniciativa em **127**.

Área 111

"Sem problemas", você diz. "Moleza. Todos sabem que é o Sol, não precisamente um planeta, na verdade mais uma estrela. O maior corpo do sistema solar, tudo orbita em torno dele, bom e quente no verão, mas você não ia querer viver lá. Sim, é o Sol. Definitivamente, o Sol. Resposta final."

*Ponto em que a Esfinge o espanca até você virar uma massa disforme, o despedaça, arranca sua cabeça, pisa nos pedaços que sobraram e o manda para a **13**.*

Área 112

O corredor é muito enganoso porque se retorce, vira e muda de direção por uma distância maior do que você teria imaginado. Quando já tiver percorrido com dificuldade por pelo menos uns 10 minutos dele, você começa a se perguntar se o Demônio não poderia estar pregando algum tipo de peça pavorosa em você.

Porém, de repente, você vira uma esquina e lá está – uma entrada de carvalho com dobradiças de ferro acima da qual, entalhada em pedra, aparece a legenda "Fraternidade dos Magos".

Um Mago alegre de óculos e cabeça raspada se apressa para encontrá-lo. "Muito bem, muito bom, você nos encontrou!", ele exclama. "Eu espero que a Aventura não tenha sido um grande fardo. Agora, só uma pergunta final antes de eu dar a chave para você. Só para ter certeza de que você realmente sabe sua Arte da Magia. Primeiro, quantas linhas tem no Quadrado de Marte – cinco, seis ou sete?"

*Se achar que é cinco, vá para **46**. Seis, volte para a **75**. Ou sete, vá para a **94**.*

Área 113

Que briga! Por sorte você saiu dela inteiro (mais ou menos). Agora vem a parte boa – você pode abrir a arca de cobre.

*Jogue dois dados. O resultado dirá quantas peças de ouro estão na arca. Também tem um peitoral de prata que você pode usar embaixo de seu manto de Mago, que tira dois pontos de qualquer resultado de ferimento contra você, caso entre em outras lutas. Contudo, um resultado de 12 significa que tinha uma armadilha na arca e você perdeu mais 12 Pontos de Vida. Se isso o matar, vá para **13**. Se não, o único caminho para fora dessa caverna é voltar para a **5**.*

Área 114

"Aqui está bom, senhor", você diz alegre, entregando a Varinha Mágica. "Parece estar em excelentes condições e é um prazer, senhor – um prazer absoluto –, entregá-la ao senhor".

Enquanto ele a examina bem, tocando a extremidade com a ponta de sua língua, desconfiado, e mordendo a vara algumas vezes para testar sua força, você tosse depreciativamente. "Desculpe-me por mencionar, ó Grande Mago, mas sou um jovem Aprendiz de Mago (do Terceiro Grau) com ambições de me tornar excelente – sem mencionar elegante – como sua boa pessoa, um dia, e por isso me perguntava se com gratidão pela entrega da Varinha Mágica você poderia me dizer onde posso encontrar a Fraternidade dos Magos?"

"Infelizmente não", diz o Mago guardando a Varinha Mágica em seu manto. "Eles me expulsaram na semana passada e mudaram o lugar por pirraça. Eu acho que tem outro membro na vila, mas o nome dela me escapa. O que posso fazer, contudo, é dar para você estes..."

E, dizendo isso, ele estende para você uma garrafa verde pequena com um líquido de cheiro estranho e uma chave dourada.

*Pode ser pequena e com um cheiro esquisito, mas aquela garrafa contém poção de cura suficiente para restaurar uma jogada dupla de dados de Pontos de Vida. Não tenho ideia de para que serve a chave dourada, mas você também pode guardá-la enquanto volta para a **48** e seleciona outra direção.*

Área 115

"Acha que tenho medo de você, seu grande valentão?", você grita, atirando-se em direção à figura gigantesca. "Eu vou lançar dados até você virar massa disforme!"

Uma expressão de dor cruza os traços da figura gigantesca, que pisca um olho rosa (o esquerdo) e o manda direto para a **13**.

*Ouviu isso? Direto para **13**. Isso vai ensinar você a atacar um Arcanjo.*

Área 116

Você está tão carregado de ouro que será incapaz de se defender quando o Chefe Troll fizer um ataque surpresa e picá-lo em 15.377 pedaços pequenos.

*Que você pode juntar, com todo o cuidado, em **13**.*

Área 117

Esta costumava ser uma bela casa, mas isso foi antes de a maior parte dela desabar. O que sobrou de sua antiga grandeza foi uma ruína desintegrando-se com janelas quebradas e portas faltando.

Que estranho, tem luz dentro.

*Um pouco assustador isso. Uma luz em uma propriedade arruinada? Pode ser qualquer coisa – fantasmas, espíritos, caras velhos com cheiros desagradáveis cozinhando suas botas. Talvez fosse melhor você voltar sem fazer barulho para **48** e selecionar outro destino. Mas se você absoluta, positiva e definitivamente não resistir à compulsão de explorar as ruínas com sua luz misteriosa, pode fazer isso em **11**.*

Área 118

"Basta! Basta!", grita o Senhorio. "Eu me rendo! Eu peço desculpas! Eu reponho seu dinheiro! Eu encontro um lugar muito melhor para você dormir! Eu acresceno o café da manhã de graça! Eu mando cartões para você no seu aniversário e no Natal. Por favor, por favor, não me espanque mais com seus dados!"

Com isso ele o leva para uma suíte magnífica completa, com cama de dossel e um banheiro, onde você passou uma noite calma e desfrutou de um café da manhã na cama na manhã seguinte.

*Vale a pena criar confusão. Não se esqueça de que ele reembolsou seu dinheiro, então você o soma de volta a seu total de ouro. Agora, você pode ir embora bem alimentado e descansado para **48**, para escolher outro destino.*

Área 119

Enquanto você se afasta, o edifício se movimenta para a frente, mas como ele se movimenta para a frente na mesma velocidade em que você anda para trás, o resultado fica na mesma.

*Irritante. Você pode correr em direção a ele de novo, um pouco mais rápido desta vez, em **65**, ou tentar movimentar-se mais devagar em direção a ele em **89**. Ou pode dar meia-volta até **138** e tentar se aproximar de um lado diferente.*

Área 120

Um medroso nunca venceu a Aventura do Mago e, além do mais, esses avisos parecem bem velhos. Podem até ser uma pegadinha – não dá para entender esse humor interiorano. Mas mesmo sendo obsoleto ou pura bobagem, você os ignora totalmente enquanto se aproxima do poço.

Uma placa de latão aparafusada no acabamento de madeira do poço tem os dizeres:

> *Desejos devem ser formulados em voz alta e,*
> *se possível, em rimas.*
> *Obrigado.*

Então, você estava certo! Realmente é um poço dos desejos! Não que você acredite em poços dos desejos, é claro, mas não faz mal tentar este, apenas para o caso de dar certo. Nunca se sabe, não é? Agora que você começou seu treinamento como Mago, tudo pode acontecer. Portanto, depois de um momento de pensamento criativo, você compõe o seguinte desejo:

Eu desejo, eu desejo, mas é a voz do povo,
Encontrar a Fraternidade dos Magos de novo.

A área "de novo" não faz muito sentido já que você não encontrou a Fraternidade dos Magos *antes*, mas pelo menos rima, que foi o que a placa sugeriu. Você repassa algumas vezes em sua mente para ter certeza de que se expressou perfeitamente, depois se debruça na abertura do poço e canta em voz alta:

Eu desejo, eu desejo, mas é a voz do povo,
Encontrar a Fraternidade dos Magos de novo.

De repente, um tentáculo aparece da escuridão do poço, se enrola em sua garganta e o arrasta para dentro.

*Céus, você foi agarrado pelo Monstro do Poço! Não é de estranhar que existem avisos para tomar cuidado. Mas não é hora para arrependimentos – você tem uma batalha em suas mãos e uma das grandes. O Monstro do Poço tem 27 Pontos de Vida e uma disposição bem diabólica. Pior ainda, ele adora Aprendizes de Mago. (Ou seja, ele os acha deliciosos.) Se o Monstro ganhar a luta, ele comerá todas as suas partes comestíveis e cuspirá os ossos para **13**. No caso improvável de você derrotar o Monstro, você pode ir para **162**.*

Área 121

Você se contorce e vira, vira e se contorce, volta e se revira, se enrola, se esquiva, volta, fica confuso, se esclarece, desliza um pouco e, finalmente...

*Aparece na **48**. Desculpe.*

Área 122

"Para mim, já basta!", você responde alegre. "Nós, os Aprendizes de Mago, estamos mais interessados em buscas espirituais e de magia do que dinheiro."

*Ah, se isso fosse verdade! Mas, apesar disso, agora você pode se equipar no depósito de armas deles em **76**, pegar a passagem subterrânea em **97**, seguir o caminho que ele diz levar à Fraternidade dos Magos em **106** ou explorar o túnel em que você não deveria ir, em nenhuma circunstância que fosse, em **151**.*

Área 123

Depois de 275 metros, a estrada se estreita. Ao seu redor, os pássaros param de cantar e os pequenos farfalhares da natureza silenciam de repente. O céu fica nublado de um jeito gótico ameaçador. O silêncio é palpável, é o silêncio de um túmulo.

*Olha, você tem certeza de que quer continuar seguindo por esse caminho? Quer dizer, você pode sempre voltar para trás em → **96** e escolher outra opção. De fato, eu posso poupá-lo desse incômodo de voltar para trás. As opções eram: Volte para onde você veio → **96**; Fraternidade dos Magos → **147**. Que tal este caminho? → **123**; isso está certo? → **73**. Bem, você pode, é óbvio, esquecer a opção "Volte para onde você veio", que simplesmente o coloca em um circuito infinito. E "Que tal este caminho?" é onde você está agora. "Isso está correto?" em → **73**? É a sua escolha, é claro, mas aqui está ficando sinistro de verdade. O que seu pêndulo aconselha? Talvez você devesse esquecer totalmente toda essa coisa de Fraternidade dos Magos – perigosa demais para alguém da sua idade. De qualquer modo, medite sobre suas escolhas e decida o que você deseja fazer.*

*(Se você quiser continuar nessa estrada, vá para **154**.)*

Área 124

"Você percebe que eu só estou fazendo isso mediante protesto", você resmunga fracamente.

"Cale a boca e prepare-se para ser comido", resmunga o Boticário.

Você o segue obediente para a torre negra onde é recebido por um grupo imenso de Trolls, que encaram você famintos.

"Este jovem é totalmente orgânico e com garantia de ser absolutamente delicioso!", anuncia o Boticário. "Agora, deem meu dinheiro e vocês podem pegar sua próxima refeição."

*Espere um minuto. Se o único que importa para esse palhaço é o dinheiro, talvez você possa oferecer um valor maior que os Trolls. Se você tiver um pouco de ouro com você, pode tentar isso em **149**. Mesmo não tendo, você sempre pode tentar prometer dinheiro mais tarde em **52**. Se isso não der certo, suponho que você sempre poderia tentar lutar contra os Trolls – embora exista um monte deles – em **72**.*

Área 125

"Tome isto, isto, isto e mais isto!", você grita atirando-se em cima dele em uma sucessão furiosa de jogadas de dados.

"Socorro!", grita sua vítima indefesa, que no fim não estava nada indefesa, uma vez que 48 de seus amigos do golfe aparecem na mesma hora em resposta ao seu grito.

"Deixe nosso Capitão em paz!", eles rugem em uníssono.

*Em seguida eles o espancam até a decisão de uma única jogada de dados por todos os Pontos de Vida (se isso o matar, vá para **13**), depois eles o chutam para fora de seu clube e o jogam com o rosto virado para baixo na área **48**.*

Área 126

Ele também faz, para sua surpresa.

*Apenas mostra que você não pode confiar nem nos piores para serem ruins o tempo todo. Ele dá adeus para você em **48**.*

Área 127

É a igreja da vila. Podia ter adivinhado isso a partir do mapa. Não é muito grande, mas também não é uma vila muito grande. Um bom exemplo de arquitetura da Alta Idade Média. Feita de pedra, muito sólida. As janelas de vidros coloridos foram um acréscimo posterior, é óbvio.

A porta de carvalho com dobradiças de ferro está fechada, mas, provavelmente, não trancada. Em todo caso, ela abre quando você caminha em direção a ela. Um Sacerdote olha em sua direção carrancudo. "Eu espero que você não esteja aqui para causar problemas", ele lhe diz com severidade. "Eu espero que você não seja um desses Aprendizes de Mago desagradáveis!"

"Nem pense nisso", você mente entredentes. "Mago? Eu? Bah! Eca! Argh!"

"Fico feliz em ouvir isso", diz o Sacerdote, "mas você deve avaliar que, já que lido com pecadores em meu ambiente profissional, sou naturalmente um tanto cínico e desconfiado. Você está preparado para fazer uma pequena oração comigo? Se você for um daqueles desagradáveis Aprendizes de Mago, a oração que tenho em mente fará seus pés pegarem fogo e seu cérebro explodir. Diante das circunstâncias, prefiro que nós a digamos aqui a céu aberto. Eu odeio ter de limpar depois".

*Bem, você vai arriscar uma oração que fará seus pés pegarem fogo e seu cérebro explodir? Se sim, inspire profundamente e vá para **7**. Se não, você sempre pode voltar devagar para **48** e escolher outro destino.*

Área 128

Você se senta com um imbecil e olha ao seu redor. Para seu espanto absoluto, a Fraternidade dos Magos desapareceu, assim como o Mago melancólico e, para falar a verdade, toda a ilha.

*Deixando você parado sem iniciativa em **150**.*

Área 129

Você se contorce e volta, volta e se contorce, volta e se retorce, se enrola, se esquiva, volta, fica confuso, se esclarece, se arrasta um pouco e, finalmente...

*Aparece na **13**. Desculpe.*

Área 130

Ela olha para você por um momento, depois funga. "Eu não posso dizer que estou impressionada por isso", ela diz. "Nem um pouco impressionada. Você está impressionado, Harold?"

O gato balança a cabeça. "Nadinha impressionado", ele diz.

Você espera um momento, depois pergunta: "Isso significa que vocês não me dirão como chegar à Fraternidade dos Magos?"

Ela funga de novo. "É exatamente o que isso significa. Eu lhe sugiro que faça uma pequena revisão em suas lições de Arte da Magia antes de voltar aqui de novo. Enquanto isso, Harold e eu acreditamos que você deve voltar para **48** e procurar outro destino, já que não tem nada para você aqui."

*Você ouviu a dama. Vá para a área **48**.*

Área 131

"Quer saber – vou com você", diz o pequeno Boticário todo alegre. "Eu posso ajudar com as provas e perguntas. Sempre gosto de dar uma mãozinha para jovens aprendizes." Ele pula para dentro da passagem e aperta um botão que fecha a porta secreta atrás de você enquanto liga luzes escondidas por toda a passagem. "Luz astral, você vai notar", ele comenta. "Apenas vá em frente. Mais rápido, agora."

Você anda para frente como instruído, mas antes de poder dar mais do que a metade de meia dúzia de passos, um grande Arcanjo se materializa diretamente à sua frente. "Alto!", ele ordena. "Meu conselho para você é voltar. Mas se você se recusar, antes de conseguir avançar mais, deve me responder isto: Que planeta rege o signo solar de Sagitário?"

Mais uma charada de Magos! Você achou que eles tivessem se cansado de ficar perguntando coisas desse tipo a essa altura. Ainda assim, va-

*mos olhar para suas opções. Se você acha que é o Sol, vá para **14**. Para a Lua, vá para **22**. Para Mercúrio, vá para **30**. Para Vênus, vá para **45**. Para Marte, vá para **59**. Para Júpiter, vá para **68**. Para Saturno, vá para **86**. E, é claro, se você não faz a mínima ideia, você sempre pode aceitar o conselho do Arcanjo e voltar para **48**, onde pode escolher um destino menos difícil. Ou, naturalmente, lutar para abrir caminho passando pelo Arcanjo em **115**.*

Área 132

"Agora, este é o nosso tesouro, que você pode pilhar se quiser", diz o Chefe Troll enquanto o conduz em um passeio. "E lá adiante tem um depósito de armas onde você pode se equipar para qualquer luta que possa ter no futuro. Lá embaixo, há uma passagem subterrânea que o levará para fora da ilha. Aquele caminho o leva à Fraternidade dos Magos. Mas fique longe daquele túnel – você não deve entrar nele sob nenhuma circunstância."

*Está com a sensação persistente de que é bom demais para ser verdade? Você pode pilhar o tesouro deles em **57**, equipar-se em seu depósito de armas em **76**, entrar pela passagem subterrânea em **97**, seguir o caminho que leva para a Fraternidade dos Magos em **106** ou explorar o túnel onde você não deveria entrar, sob nenhuma circunstância que fosse, em **151**.*

Área 133

Tem alguma coisa aqui. Você não consegue vê-la no escuro, mas consegue ouvi-la e, com certeza, sentir seu cheiro. Um tipo de cheiro quente, sulfuroso.

E parece que ela também consegue sentir seu cheiro, porque ela acabou de lançar uma bola de fogo que vem na sua direção, vinda da escuridão.

Você podia ter passado sem essa. Jogue um dado e subtraia o resultado de seus Pontos de Vida quando a bola de fogo bater em você. Depois, como se você não tivesse problemas o suficiente, prepare-se para uma luta. É apenas um dragãozinho escondido no túnel, mas ele tem 15 Pontos de Vida. Se você perder a luta, vá para 13. Se não perder, pode subir em cima do cadáver do dragão e seguir o túnel por todo o caminho de volta para 1.

Área 134

Você se senta com um idiota e olha à sua volta. Para seu espanto absoluto, a Fraternidade dos Magos desapareceu, bem como o Mago melancólico e, vejam só, toda a ilha.

Deixando-o parado e sem iniciativa em 48.

Área 135

Você se contorce e vira, vira e se contorce, volta e revira, se enrola, se contorce, volta, fica confuso, se esclarece, se arrasta um pouco e, finalmente...

*Aparece na **48**. Desculpe.*

Área 136

Que grosseiro! Que mal-educado! Que revoltante! Aqui é uma toca de urso! Eles costumavam ter coisas desse tipo por todo lugar, quando as pessoas pensavam que era divertido obrigar animais a lutarem uns contra os outros como esporte.

Felizmente, não há ursos aqui neste momento, mas tem um Guarda tão grande quanto um. Ele cambaleia em sua direção.

"Você está aqui para as rinhas?", ele pergunta, apontando o dedão, de repente, em direção a um anúncio sobre a próxima rinha de ursos. "Ainda está meio cedo."

*Aqui temos um dilema moral e nenhum equívoco. Não existe nada que impeça você de ir embora agora mesmo e escolher outro destino em **48**. Porém, honestamente, você quer ter em sua consciência que não fez nada para impedir uma rinha de ursos? Se você estiver preparado para usá-lo, eu posso lhe dar um feitiço-de-uma-vez-antirrinha-de-ursos tão poderoso que ele fechará esse buraco medonho para sempre e fará os aldeões esquecerem que alguma vez consideraram essas lutas divertidas. A única coisa é que você terá de lutar contra o Guarda para usar o encanto, o que significa que você pode ser morto e voltar ao início de sua Aventura do Mago. Mesmo se ganhar, você tem uma chance do próprio feitiço: matá-lo (alguns feitiços são desse tipo). E nada disso, absolutamente nada, o deixa um centímetro mais perto da Fraternidade dos Magos. Escolha dura. Se você quiser o feitiço, a luta e o perigo, vá para **144**. Mas acredite em mim, ninguém o culpará se você fugir dessa.*

Área 137

Com bravura, você se lança em cima dele, balançando os dados. Com valentia você joga seis por todo o lugar. Muito esperto, você trapaceia quadruplicando seus Pontos de Vida.

A criatura olha para você com desdém absoluto. Quando ele o morde na garganta, ele murmura:

Que coisa tola a fazer
E agora você aterrissou no cozido
Pois com a verdade essas palavras devem soar
Uma coisa morta, você não pode matar!

Com as estrofes desse verso pavoroso ainda soando em seus ouvidos, você afunda delicadamente até a área 13.

Área 138

Você dá meia-volta para refazer seus passos e quase bate em um indivíduo de aparência peculiar com um manto de Mago.

"Não é o lugar certo", ele diz melancolicamente.

"Como?"

"Não é o lugar para onde você quer ir", ele diz. "Não é a Fraternidade dos Magos. É uma ilusão. O Chefe Troll o hipnotizou – isso é Arte de Magia um pouco mais avançada que você ainda não aprendeu. O lugar que você está procurando nem está nesta ilha."

Você o encara espantado, perguntando-se como você pode saber se ele está falando a verdade.

"Como eu posso saber que você está falando a verdade?", você pergunta, rápido.

O Mago desolado funga."Bem, você pode tentar ir em direção a ela ou afastar-se dela e ver que ela se comporta como uma ilusão. Ou, se você já fez isso, pode me pedir, com educação, para quebrar seu transe hipnótico para que você veja as coisas como elas são de verdade".

Você pode correr em direção a ela de novo, em 65. Ou caminhar em direção a ela mais devagar em 89. Ou se afastar em 119. Mas se nada disso o agrada, você pode ir para 103 e pedir a esse personagem melancólico que quebre o transe hipnótico em que ele diz que você está. A não ser que você não sinta estar em um transe hipnótico, então pode simplesmente agarrá-lo pela garganta e ameaçar coisas terríveis se ele não disser a verdade e usar seus poderes Mágicos para permitir que você chegue ao prédio da Fraternidade que você consegue ver claramente lá adiante – isso tudo você pode fazer em **142**.

Área 139

"Por um minuto não achei que conseguiríamos", diz o Boticário. "Mas eu devia saber que seu pêndulo confiável não o deixaria na mão."

Você está de volta ao ar livre, em algum lugar fora da vila. Atrás de você a entrada de um labirinto o leva a um despenhadeiro. À sua frente, um caminho estreito leva às margens de um lago parado e escuro.

"Onde fica a Fraternidade dos Magos?", você pergunta.

"Em uma ilha no lago", diz o Boticário prontamente. "Sua pequena prova final é descobrir como chegar lá."

"E você?"

"Ah, eu planejo voar em minha vassoura, mas infelizmente ela tem apenas um lugar para sentar, então não posso lhe dar uma carona."

Rogando pragas em silêncio pelo fato de o *Livro da Arte da Magia* nunca ter lhe ensinado a voar em uma vassoura, você caminha até a margem do lago. Do lado de um pequeno cais, um barqueiro alto, magro, usando um capuz espera ao lado de um cartaz que diz: "Barca do C. A. R. onte". Mais além dele, um homem gordo está oferecendo mergulhos com equipamento de graça, enquanto mais adiante, uma placa proclamando "Fraternidade dos Magos" aponta para um túnel de estrada recém-construído que mergulha abaixo do lago. Ao lado tem um heliporto cercado por avisos dizendo: "Voos de Graça para a Ilha a Cada 15 Minutos".

Quantas escolhas aqui! Enquanto o Boticário alça voo em sua vassoura de um lugar, você pode subir a bordo da barca em **165**, *nadar usando o equipamento de mergulho em* **146**, *pegar o túnel em* **108** *ou pegar um helicóptero em* **78**.

Área 140

Por sorte, você emerge do vale silencioso e sinistro com seu guardião imortal para descobrir que o caminho agora se alarga em uma estrada de verdade. Você segue a estrada por mais ou menos três horas até que, cansado e com fome, chega ao topo de uma elevação e vê, a alguma distância à frente, uma vila pitoresca fortificada por uma paliçada de madeira. Já que parece improvável você encontrar a Fraternidade dos Magos hoje, parece um lugar razoável para passar a noite.

Você começa a descer a colina, esperando que tenha uma pousada decente na vila – e esperando que você tenha ouro o suficiente para pagar pela hospedagem e uma refeição decente. Em minutos, você chegou aos portões da paliçada que, embora aberto, está guardado por um caipira de boca mole.

"Onde você acha que vai?", pergunta esse personagem, inclinando o seu forcado e mascando um fio de palha.

"Eu posso achar que estava indo para a lua", você diz a ele com o máximo de seu sarcasmo, "mas, na verdade, o que penso mesmo é que vou entrar nessa vila agradável onde compartilharei de comidas excelentes antes de passar uma noite confortável entre lençóis limpos em sua pousada mais exclusiva".

"Isso custará oito peças de ouro", diz o caipira, nem um pouco impressionado.

"Por uma refeição e um quarto?", você pergunta a ele, horrorizado.

"Não, só para passar por mim", diz o imbecil. "Refeição e quarto são extras."

Bem, aqui está outro tipinho irritante, pode ter certeza. Você dará a esse palhaço oito peças de ouro de seu dinheiro ganho com dificuldade? Você pelo menos tem oito peças de outro para lhe dar? E se tiver, vai sobrar o suficiente para comprar uma refeição e um quarto nessa vila mercenária? Você pode pagá-lo em dinheiro, se você tiver em **60**. *Senão, eu suponho que seja mais um momento frustrante e você pode tentar lutar para passar por ele em* **104**. *Como alternativa, é claro, você poderia tentar se esgueirar por trás e pular a paliçada, mas terá de arriscar uma* **Jogada Absolutamente Tudo Pode Acontecer** *para isso. Se tentar, não conseguir e morrer (só para lembrar das regras), vá para* **13**. *Se conseguir, pode considerar-se um fujão sortudo e correr de volta para a* **48**.

Área 141

Ele coça a cabeça pensativo."Fraternidade... Fraternidade... Sim, acho que tenho algo lá dentro que pode ajudá-lo. Veio pelo correio no outro dia. Entre e vou ver se consigo encontrá-lo para você."

*Você pode segui-lo até **70** para ver o que veio pelo correio. Ou, como sempre, pode cortar essa e voltar para a **48** para escolher outro destino.*

Área 142

Você o agarra pela garganta e faz ameaças pavorosas se ele não for sincero e usar seus poderes de Magia para deixá-lo chegar ao prédio da Fraternidade que você consegue ver claramente lá adiante.

O Mago melancólico suspira profundamente."Você quer que eu o transporte para o lugar verdadeiro onde pensa que pode ver a ilusão?, ele pergunta.

"Eu quero! Eu quero! Eu quero!", você grita abusado.

*Ele balança sua Varinha Mágica melancolicamente e o transporta para a **13**.*

Área 143

Os aldeões o arrastam à força para um prédio onde está escrito: "Cadeia", jogam você em uma cela e jogam a chave fora.

*Deixando você morrer de fome em **13**, o que devia ensiná-lo a não andar por aí assassinando pessoas que só estão tentando fazer seu trabalho (ou qualquer um que seja). Como alternativa, você pode tentar escapar da prisão para somar outros crimes ao seu. Isso exigirá uma **Jogada Absolutamente Tudo Pode Acontecer**. Se você conseguir, pode voltar disfarçado para **48**, escolher outro destino e, com sorte, comportar-se um pouco melhor desta vez. Se não conseguir, você vai acabar na **13** mesmo.*

Área 144

Você acaba olhando para um livro aberto que apareceu milagrosamente em suas mãos. Escritos luminosos se contorcem e brilham por suas páginas de pergaminho, depois formam uma única palavra... "moldetrovão"!

"Moldetrovão?", você sussurra franzindo o cenho.

De repente, você ouve um estrondo de trovão e um relampejar de luz ofuscante. O mundo gira, o rugido de um furacão enche seus ouvidos e você é erguido corporalmente e jogado dentro da toca do urso. Você se levanta tremendo e olha em volta. Para seu horror, o Guarda está na toca com você, ainda usando seu uniforme de Guarda, mas transformado magicamente em um imenso urso negro. Os olhos dele têm um brilho vermelho quando ele se joga para cima de você.

*Em quanta confusão você pode se meter com um simples feitiço? O Guarda-Urso tem impressionantes 33 Pontos de Vida, simplesmente três a menos do que o máximo possível em absoluto. Ele também tem três pontos adicionais de ferimento unhas e dentes em cada resultado que ele ganhar de você. Não parece que você vai se dar bem aqui, mas tem uma pequena boa notícia – você também foi transformado em urso, o que dobra seus Pontos de Vida anteriores e lhe dá os mesmos três pontos adicionais de ferimento unhas e dentes. Se isso o ajudar a vencer a luta, você pode descobrir o que acontece em seguida em **29**. Se não, você pode lamber suas feridas (um hábito porcalhão) em **13**.*

Área 145

"Pronto? Ótimo. Agora, a pergunta de admissão para a Fraternidade dos Magos é esta: de que cor é o cabo da Asa de Mago? Ele é azul? É amarelo? Vermelho? Ele é oliva, citrino, ferrugem e preto?"

*Não precisa ser um gênio para responder essa, precisa? Se você acha que é azul, vá para **25**. Para amarelo, vá para **39**. Se preferir vermelho, vá para **56**. Ou dê a resposta oliva, citrino, etc. em **71**.*

Área 146

O equipamento de mergulho não serve muito bem e a mangueira de ar parece ser galesa, pois já tem um pequeno vazamento, mas você a coloca assim mesmo e pula nas águas paradas do lago.

*Isso é bem arriscado. É melhor tentar uma **Jogada Absolutamente Tudo Pode Acontecer** para ver se você consegue chegar à ilha. Se não conseguir e a tentativa matá-lo, vá para **13**. Se conseguir, vá para **28**. Se não conseguir e não puder tentar de novo, você ainda pode subir a bordo da barca em **165**, pegar o túnel em **108**, ou subir no helicóptero em **78**.*

Área 147

Duzentos e setenta e quatro metros depois na estrada, você pisa na armadilha de um caçador e é pego rápido por uma perna (a direita). Você ainda está tentando se libertar quando é comido por um urso. Ele começa mastigando o seu pé (o esquerdo), depois mascando pelo lado de sua cabeça, depois comendo...

*Mas você não vai querer os detalhes, vai? Vá para **13**. E da próxima vez você pode pensar em checar o Oráculo da Pirâmide com mais cuidado.*

Área 148

Você coloca a chave de ouro na fechadura com cuidado. Ela gira facilmente com um clique pronunciado. Quando você se afasta, ouve um rangido sinistro e a tampa do sarcófago começa a abrir devagar. Enquanto ela abre, uma mão delgada com luvas brancas surge do caixão e agarra o lado, enquanto uma figura de palidez mortal em roupas de noite e uma capa de ópera sai lentamente. Ela vira os olhos vermelhos imensos em sua direção, depois sorri devagar, revelando dentes longos e pontudos de Drácula. Ele respira profundamente, depois diz:

Bem-vindo a esta cripta solitária
Na qual acabou de escorregar.
Você quase chegou ao seu destino
Algo que prazer deveria dar
E alegria para toda a nação.

De repente, seu sangue fica gelado. Apenas os livros negros da Arte de Magia mais sinistra se referem a essa criatura, embora a partir de sua aparência e fala, você não tem dúvida sobre sua identidade. Este só pode ser o famoso Demônio Poético, conhecido por sua habilidade de produzir os piores versos no universo conhecido.

Sim, mas o que você vai fazer com ele? Com uma **Jogada Absolutamente Tudo Pode Acontecer** *você poderá fugir de volta para* **48,** *onde pode encontrar um destino menos perigoso. Mas, além dela, suponho que você sempre pode arriscar com um ataque surpresa ao demônio em* **137,** *embora eu deva confessar que pouquíssimos dos que atacaram esse personagem viveram para contar a história. Sua outra possibilidade é tentar um diálogo com ele em* **67,** *embora eu deva confessar que pouquíssimos dos que fizeram isso viveram para contar a história também. Desculpe, até agora tem sido uma aventura muito legal.*

Área 149

"Leilão!", chama o Boticário, que obviamente já fez isso antes.

Os Trolls murmuram ansiosos e apalpam suas carteiras.

*O modo como isso funciona é claro. Primeiro, anote a quantidade de ouro que você tem consigo. Depois faça duas jogadas duplas de dados em nome dos Trolls. Se o resultado das duas jogadas somadas for maior do que o outro que você possui, então vá para **47**. Se for menor, vá para **80**.*

Área 150

Parece que você teve sorte aqui! Esta é a pousada da ilha – e é um lugar de aparência bem agradável. Você passa pela porta para encontrar um Senhorio de maçãs do rosto rosadas servindo cerveja para um grupo de aldeões muito bêbados, que certamente não deviam estar bebendo a esta hora do dia.

"Por favor, Senhorio", você chama, entrando no espírito da aventura. "Vossa mercê teria uma refeição e uma cama quentinha para este viajante cansado?"

"É uma moeda de ouro pela refeição, duas por uma cama. Esse viajante cansado teria algum metal?", pergunta o Senhorio cinicamente.

*Boa pergunta. Se você tiver três peças de ouro, pode ter uma refeição e uma cama em **12**. Se tiver apenas duas, você pode fazer uma refeição em **32** ou ter uma cama em **61**, mas não as duas coisas. Caso você só tenha uma, pode fazer uma refeição em **32**, mas não terá pouso. Se não tiver nenhuma, você pode conversar com o Senhorio em **91**. Se estiver de saco cheio de todo esse comercialismo crasso, você pode voltar para **48** e escolher outro destino.*

Área 151

Você saltita alegre pelo túnel. Ignora feliz o ruído surdo distante. Você é animadamente enterrado debaixo de 78 mil toneladas de pedra quando a coisa toda desaba.

*Devia ter ouvido o Troll. Vá para **13**.*

Área 152

Com o estúpido leão tirando seu equilíbrio ao esfregar sua cabeça em sua perna, você explora com cuidado a câmara coberta de pedras. Além da passagem por onde você entrou, tem uma escada levando para cima a um conjunto de portões de ferro trancados. Na própria câmara, você descobre que o sarcófago também está trancado, o que pode ser melhor já que há uma placa de latão parafusada em um lado anunciado:

Cripta do Demônio

(Abra somente com a Chave Dourada)

*Se por acaso você tiver uma chave dourada, pode abrir o sarcófago em **161**. Se não a tiver, sua única opção é voltar com todo cuidado pelo caminho de onde veio e escolher outro destino em **48**.*

Área 153

"Eeeeeeeeagh!", você grita, correndo em volta da ilha como uma galinha sem cabeça.

*Sair dessa confusão requer uma **Jogada Absolutamente Tudo Pode Acontecer**. Se a jogada o matar, vá para **13**. Se você conseguir, vá para **40**. Se a jogada falhar sem matá-lo, você ainda pode lutar contra ele em **99** ou segui-lo calmamente em **124**.*

Área 154

O caminho fica cada vez mais estreito. O céu fica cada vez mais escuro. As cercanias ficam cada vez mais silenciosas. Começa a chover. Fumaças venenosas saem de rachaduras vulcânicas. Você vira uma esquina e dá de cara com uma Esfinge encolhida.

(Eu disse. Eu avisei! Mas você ouviu? Claro que não, as Esfinges são imortais – não podem ser mortas, não importa quantas jogadas de dados você faça. Imortais e letais se você ficar no lado errado delas. Ah, bem, agora é tarde demais. Você fez a cama e agora terá de deitar nela.)

"Oi, Édipo", diz a Esfinge.

"Eu não sou Édipo", você responde.

"Grande equívoco", diz a Esfinge. "O velho Édipo foi o único que respondeu ao meu enigma. E você sabe o que acontece com todos os que não têm a resposta para meu enigma?"

Você engole seco. "Não."

"Eu os espanco até virarem uma massa disforme", diz a Esfinge toda convencida. "Depois os despedaço. Depois arranco suas cabeças. E então piso em cima de cada pedacinho que sobrou. Depois eu..."

"Tudo bem, tudo bem, eu entendi!", você a interrompe. "Esse seu enigma – não seria sobre o que primeiro anda em quatro pernas, depois em duas, depois em três, seria?"

"Não seja ingênuo", diz a Esfinge com escárnio. "Agora todo mundo já sabe esse. Deus do céu, não. Eu tenho um enigma diferente agora e você terá de respondê-lo corretamente, senão eu o espancarei até você virar uma massa disforme, despedaçarei você, arrancarei sua cabeça e pisarei e..."

"Tá bom, chega! Eu entendi. Só diga o enigma!", você grita.

A esfinge sorri misteriosamente e diz: "O enigma da Esfinge é este: qual o Quadrado Mágico que soma 65?"

*Má sorte! Este é um enigma tão difícil que poderia ser perguntado a um Mago. Ainda assim, você tem uma chance em sete de adivinhar, se não souber. Se acha que a resposta é o Quadrado do Sol, vá para **111**. Se acredita que pode ser o Quadrado da Lua, vá para **18**. Para o Quadrado de Mercúrio, tente a **8**. Se acredita ser o Quadrado de Vênus, vá para a **4**. Se o Quadrado de Marte o agrada, vá para a **88**. Se você pensa que pode ser o Quadrado de Saturno, tente a **15**. E boa sorte.*

Área 155

Você se contorce e vira, vira e se contorce, volta e se revira, se enrola, se esquiva, volta, fica confuso, se esclarece, se arrasta um pouco e, finalmente...

*Aparece na **48**. Desculpe.*

Área 156

" Sério?", ele pisca."Você fará mesmo? Quer dizer, você jura por tudo que é mais sagrado?"

"Claro que sim", você assente sem deixar dúvidas."Integridade é meu nome do meio."

*Diante disso, esse lunático dá tchau para os Trolls e conduz você de volta para **48**, onde você é livre para escolher outro destino. Não se esqueça de enviar o dinheiro para ele, he he.*

Área 157

Que lugar estranho... Primeiro, o cheiro o atinge como um martelo de forja quando você abre a porta. Em seguida, é deprimente de tão escuro, embora, obviamente, seja uma loja.

Você fica parado na entrada ouvindo os ecos da campainha da porta esmaecendo e espera seus olhos se acostumarem à escuridão. Quando eles se acostumam, a loja fica ainda mais estranha. As prateleiras estão cheias das misturas mais bizarras – partes de animais picadas, caixas de ervas secas, minerais em pó. Uma seção está marcada com VENENOS. Tem coisas com etiquetas DENTES DE DRAGÃO e ASAS DE DRAGÃO DE CAUDA BARBADA. Tem vários crocodilos empalhados pendendo do teto.

Um homenzinho com óculos sem aro sai de um quarto dos fundos e olha para você com um olhar míope e um sotaque galês. "Um Aprendiz de Mago, olhe só. Procurando a Fraternidade dos Magos, não é?"

"Bem, sim, é isso", você responde, de algum modo surpreendido pelo sotaque.

"Neste caso você veio ao lugar certo. O lugar certinho. Minha humilde loja na verdade é um portal oculto para a Fraternidade dos Magos. Você nunca pensou que seria, pensou? Se puder me dar a resposta certa para uma pergunta simples, você pode ser admitido imediatamente. Está pronto para responder à questão agora?"

*O Papa é Católico? Claro que você está pronto para responder à questão agora! Você está, não está? Quer dizer, se não estiver, você pode sempre voltar para **48** e escolher outro destino. Mas se estiver, corra para a **145**, onde você pode passar pelo exame final.*

Área 158

Três minutos depois de você decolar, o Piloto informa problemas mecânicos. Dois minutos depois disso, as lâminas do rotor pegam fogo. Em seguida, o tanque de combustível explode, o Piloto pula de paraquedas, toda a máquina se transforma em uma bola de fogo que mergulha na água abaixo.

*Não é de admirar você estar triste. Salte dos destroços na superfície do lago e afunde tranquilamente em **13**.*

Área 159

Você passa a noite toda se revirando e se retorcendo na palha e levanta na manhã seguinte salpicado de picadas de insetos. Como a diária não inclui café da manhã, você se arrasta faminto da hospedaria, resmungando alguma coisa sobre nunca mais se hospedar lá.

*Sim, bem, é o que você consegue se deixar ser induzido a se lançar na Aventura do Mago. Saia para **48** agora e veja se consegue encontrar um destino mais agradável.*

Área 160

Você se espreme para dentro da fen... se espreme para dentro...você tenta se espremer para dentro... fica preso enquanto tenta se espremer para dentro da fenda.

*Bolinhos em excesso. Infelizmente. Mas o que você vai fazer agora? Melhor lançar dois dados. Resultado de 2 a 6 e você consegue atravessar depois de se esforçar sem nenhum ferimento. Resultado de 7 a 12 e você consegue atravessar depois de alguma luta se ralando um pouco e dois Pontos de Vida para trás. De qualquer modo, você é esmagado para dentro de **5**.*

Área 161

Com cuidado, você coloca a chave dourada no buraco da fechadura. Ela gira com facilidade com um clique pronunciado. Enquanto se afasta, você ouve um rangido sinistro e a tampa do sarcófago começa a abrir devagar. Quando ela abre, uma mão delgada com luvas brancas sai do caixão e agarra a lateral enquanto uma figura de uma palidez mortal em roupas de noite e uma capa de ópera sai lentamente. Ela vira os olhos vermelhos imensos em sua direção e depois sorri devagar, revelando dentes longos e pontiagudos de Drácula. Ele respira longa e profundamente, depois diz:

> *Bem-vindo a esta cripta solitária*
> *Na qual acabou de escorregar*
> *Você quase chegou ao seu destino*
> *Algo que prazer deveria dar*
> *E alegria para toda a nação.*

De repente, seu sangue gela. Apenas os livros negros da Arte de Magia mais sinistra se referem a essa criatura, porém, com sua aparência e fala, você não tem nenhuma dúvida sobre sua identidade. Esse só pode ser o Demônio Poético, renomado por sua habilidade de produzir os piores versos no universo conhecido.

Sim, mas o que você fará com ele? Uma **Jogada Absolutamente Tudo Pode Acontecer** *pode permitir que você volte todo o caminho, de volta para* **48**, *onde pode encontrar um destino menos perigoso. Mas além disso eu suponho que você sempre pode se arriscar com um ataque surpresa ao Demônio em* **137**, *embora deva confessar que pouquíssimos dos que tentaram parar esse personagem viveram para contar seus feitos. Sua outra possibilidade é tentar um diálogo com ele em* **101**, *embora deva confessar que pouquíssimos dos que fizeram isso viveram para contar sua história também. Desculpe. Até agora tem sido uma aventura bem legal.*

Área 162

"Bruxa, Mago e Ferreiro", murmura o Monstro do Poço incompreensivelmente enquanto você dá o golpe fatal. Depois ele acrescenta, mais sinistro, enquanto começa a afundar nas águas lodosas: "Eu voltarei".

Mas a volta do Monstro do Poço é a menor de suas preocupações, pois você também está começando a afundar nas águas lodosas.

Isso requer uma **Jogada Absolutamente Tudo Pode Acontecer**, *o único jeito de descobrir se você vai conseguir escalar o poço em seu estado* *fragilizado. Se você ganhar, consegue voltar para **48** e encontrar outro destino. Se não, eu temo que você só poderá ponderar sobre o que o Mostro quis dizer com Bruxa, Mago e Ferreiro em **13**.*

Área 163

"Não, ainda não sabe", ele diz a você, colocando seu dinheiro no bolso com um grande sorriso sarcástico.

*Isso é bem irritante. Você pode tentar tirá-lo dele em **125**. Ou parar de perder tempo com esse palhaço e ir para a **48**, onde você pode escolher outro destino.*

Área 164

Você explora cada centímetro da ruína, inflexível. Bem quando você estava para desistir desgostoso, de repente encontra...

*Nada. Absolutamente nada. Aquela risada abafada deve ter sido fruto de sua imaginação. Volte para a **48** e veja se consegue encontrar um destino mais vantajoso.*

Área 165

Você sobe na parte de trás do bote e se instala confortavelmente enquanto o barqueiro desatraca. A barca navega de forma silenciosa para as águas paradas e escuras.

Enquanto ela navega, o capuz do barqueiro cai para revelar uma caveira embaixo dele.

*Surpresa você ter caído nessa."C. A. R. onte" é claro. É Caronte, seu idiota! Barqueiro da mitologia antiga e morta. E agora levando você direto para **13**.*

Área 166

Ela olha para você por um momento, depois funga. "Não posso dizer que estou impressionada por isso", ela diz. "Nada impressionada. Você está impressionado, Harold?"

O gato balança a cabeça. "Nadinha impressionado", ele diz.

Você espera por um momento, depois pergunta: "Isso significa que vocês não vão me dizer como chegar à Fraternidade dos Magos?"

Ela funga de novo. "É exatamente o que significa. Eu sugiro a você uma pequena revisão em suas lições de Arte da Magia antes de voltar. Enquanto isso, Harold e eu acreditamos que você deva voltar à **48** e procurar outro destino, já que não há nada para você aqui."

Você ouviu a dama. Volte para a área 48.

Área 167

Com o coração disparado por causa do voo, você pisa no corpo do leão e, com todo o cuidado, explora a câmara enfeitada com pedras. Depois da passagem pela qual você entrou, há uma escada levando para cima até um conjunto de portões de ferro trancados, o que é melhor assim, já que tem uma placa de latão parafusada de um lado avisando:

Cripta do Demônio

(abra apenas com uma Chave Dourada)

*Se você tiver uma chave dourada, pode abrir o sarcófago em **148**. Caso não tenha, sua única opção é voltar cuidadosamente pelo caminho de onde veio e escolher outro destino em **48**.*

Área 168

Ele o encara com uma expressão aflita. "Isso é devastador", ele diz. "Eu realmente pensei que você fosse conseguir. Esta é a resposta *errada*! Não acredito que você chegou tão longe. Apenas mais essa prova final e, de repente, você dá uma de tolo. Você está arruinado. Relegado às fileiras dos terminalmente comuns. Por que você não deu uma espiada na resposta antes? Está lá nas lições sobre Espaço do Mago. Eu não posso deixá-lo chegar tão longe e mandá-lo de volta ao início. Quer saber: revise a lição do Espaço do Mago e você pode recomeçar sua aventura com todos os seus Pontos de Vida, chaves douradas e outras coisas absolutamente intactas em 48. Faça seu caminho a partir de lá e dê a resposta certa da próxima vez."

Você ouviu o que o homem disse. Vá para o Espaço do Mago e depois para **48**.

Área 169

Você se contorce e vira, vira e se contorce, volta e se revira, se enrola, se contorce, volta, fica confuso, se esclarece, se arrasta um pouco e, finalmente...

Aparece na **48**. *Desculpe.*

Área 170

"Que gentil, que civilizado! Que meigo!", você canta inocente. "Como estou deliciado em aceitar sua hospitalidade generosa. Pois faz algum tempo que comi pela última vez e até o conteúdo de seu caldeirão fedorento parece apetitoso. Talvez eu deva pedir para você mostrar o caminho para sua casa charmosa para podermos compartilhar do banquete que você ofereceu."

A velha enrugada, que parece ter desenvolvido uma corcunda em suas costas desde a última vez que você a viu, coça seu nariz adunco e fala com voz crepitante: "Venha por aqui, jovem, venha por aqui. Eu não almoço um... – quero dizer *com* – alguém jovem e tenro há vários meses".

Dizendo isso ela levanta e manca para dentro de sua cabana imunda e velha, olhando-o por sobre os ombros encorajadoramente.

Olha, você tem certeza de que quer mesmo fazer isso? Você leu contos de fadas tanto quanto eu – obviamente, aquela velha é uma Bruxa e provavelmente você acabará como um ingrediente em sua próxima poção fedorenta. Por que você não dá meia-volta até **48**, *onde pode escolher um destino diferente, agradável e seguro? Mas, como a aventura é sua, você tem todo o direito de segui-la para dentro de sua cabana suja e velha em* **107**.

Anexo:
O Alfabeto Tebano de Honório

Os antigos Magos do passado eram fascinados por alfabetos estranhos. Nenhum era mais esquisito do que o chamado Alfabeto Tebano de Honório. Honório III não foi só um Mago, mas também um Papa (de 1216 a 1227). Ele teve a reputação de manter um espírito trancado em um anel que usava e fazer o Vaticano tremer quando falava com ele. Não sei se foi o espírito quem deu a ele o Alfabeto Tebano, mas ele o conseguiu em algum lugar. O alfabeto era assim:

Você notará que esse alfabeto não tem todas as letras que aparecem no alfabeto ocidental. O *J* está faltando, assim como o *U* e o *W*. Quando escrever em tebano mágico, você substitui o *I* para *J*, o *V* para *U* e *VV* para o *W*.

Você conseguirá alguns outros alfabetos mágicos para mandar mensagens secretas quando fizer parte da Fraternidade dos Magos.

MADRAS Editora — CADASTRO/MALA DIRETA

Envie este cadastro preenchido e passará a receber informações dos nossos lançamentos, nas áreas que determinar.

Nome _____
RG _____ CPF _____
Endereço Residencial _____
Bairro _____ Cidade _____ Estado _____
CEP _____ Fone _____
E-mail _____
Sexo ❏ Fem. ❏ Masc.   Nascimento _____
Profissão _____ Escolaridade (Nível/Curso) _____

Você compra livros:
❏ livrarias   ❏ feiras   ❏ telefone   ❏ Sedex livro (reembolso postal mais rápido)
❏ outros: _____

Quais os tipos de literatura que você lê:
❏ Jurídicos   ❏ Pedagogia   ❏ Business   ❏ Romances/espíritas
❏ Esoterismo ❏ Psicologia ❏ Saúde   ❏ Espíritas/doutrinas
❏ Bruxaria   ❏ Autoajuda   ❏ Maçonaria ❏ Outros:

Qual a sua opinião a respeito desta obra? _____
_____

Indique amigos que gostariam de receber MALA DIRETA:
Nome _____
Endereço Residencial _____
Bairro _____ Cidade _____ CEP _____

Nome do livro adquirido: O Livro da Arte da Magia

Para receber catálogos, lista de preços e outras informações, escreva para:

MADRAS EDITORA LTDA.
Rua Paulo Gonçalves, 88 – Santana – 02403-020 – São Paulo/SP
Caixa Postal 12183 – CEP 02013-970 – SP
Tel.: (11) 2281-5555 – Fax.:(11) 2959-3090
www.madras.com.br

Este livro foi composto em Minion Pro, corpo 12/14.
Norbright 66,6g
Impressão e Acabamento
Expressão e Arte Gráfica e Editora — Rua Soldado Genésio Valentim, 30
— Vila Maria — São Paulo/SP
CEP 02176-050 — Tel.: (011) 3951-5188 — atendimento@expressaoearte.com